ad

el Dalai Lama

COMPASIÓN Y NO VIOLENCIA

Reflexiones sobre la verdad, el amor y la felicidad

Recopilado y editado por Renuka Singh

Traducción del inglés de Alicia Sánchez

editorial Kairós

Numancia, 117-121
08029 Barcelona
www.editorialkairos.com

Título original: THE TRANSFORMED MIND

© H.H. The Dalai Lama

© 2000 by Mind and Life Institute
  Published by arrangement with Bantam Books
  an imprint of The Bantam Dell Publishing Group,
  a division of Random House, Inc.

© de la edición en castellano:
  2000 by Editorial Kairós, S.A.

Primera edición: Septiembre 2001

I.S.B.N.: 84-7245-502-5
Depósito legal: B-31.705/2001

Fotocomposición: Beluga y Mleka, s.c.p. Córcega 267. 08008 Barcelona
Impresión y encuadernación: Indice. Caspe 118-120. 08013 Barcelona

SUMARIO

COMPASIÓN Y
NO VIOLENCIA

NOTA DEL EDITOR

Este libro es una recopilación de conferencias seleccionadas de Su Santidad el Dalai Lama con motivo de las Celebraciones del *Dharma* del Tushita Centre que tienen lugar cada año en Delhi. También cuenta con la oportuna introducción del Venerable Lama Thubten Zopa Rinpoche. Me siento honrada de que tanto su Santidad como Rinpoche me hayan dado la oportunidad de reunir una serie de conferencias que se distinguen por su énfasis en la importancia de la espiritualidad en un mundo en el que domina un *ethos* de racionalidad científica y tecnológica. Su Santidad ofrece una visión clara y perspicaz de los problemas a los que se está enfrentando la humanidad en estos momentos y de cómo el amor, la compasión y la responsabilidad, universal son las herramientas que necesitamos para resolverlos.

En conmemoración del vigésimo aniversario del Tushita Mahayana Meditation Centre, fundado en 1979 por el fallecido Lama Yeshe y Lama Zopa Rinpoche, me gustaría dedicar este libro a Su Santidad como muestra de gratitud por su inconmensurable bondad. También me gustaría dedicar este libro –puesto que comenzamos el nuevo milenio– a una audiencia más extensa para que les sirva de guía en su práctica de la meditación, puedan transformar sus mentes y alcanzar la Iluminación. En realidad, la finalidad de leer y escuchar las enseñanzas budistas es la de equiparnos con las herramientas del entendimiento a fin de que podamos emprender el "combate espiritual" adecuado.

Las conferencias siguen un orden cronológico de acontecimientos, salvo la última sobre «Las Dos Verdades» que la dio en dos tardes consecutivas en 1988. Su Santidad suele hacer referencia a las "Dos Verdades" y a las Cuatro Nobles Verdades en las otras charlas de esta colección que tratan, por ejemplo, sobre transformar nuestra mente; del viaje a la felicidad mediante la comprensión de la dolorosa naturaleza del ciclo de la existencia y de la realización de la vacuidad, de resolver los problemas personales, nacionales e internacionales con la compasión y la no violencia; de cómo vivir y morir mejor; y de la senda de la práctica espiritual a través de la renunciación, de la *Bodhicitta* y de la sabiduría de la vacuidad, lo cual es la esencia del *Dharma* que libera eficazmente a todos los seres vivos. De ahí que en pro de la claridad conceptual y filosófica, nos pareció más apropiado colocar la conferencia sobre «Las Dos Verdades» al final, para reflejar su profundidad y complejidad.

También he incluido la mayor parte de las sesiones de preguntas y respuestas que siguieron a las enseñanzas. La mayoría procedían de los participantes. He intentado evitar al máximo la repetición, sin embargo, debido a la naturaleza de los discursos, es posible que se nos hayan pasado algunos errores de transcripción o de mala interpretación.

Hay muchas personas que han contribuido notablemente para que esta labor fuera un éxito. Estoy profundamente agradecida a maestros tan adorables y respetados como Su Santidad el Dalai Lama y el Venerable Lama Thubten Zopa Rinpoche por su amabilidad e inspiración. Quiero dar especialmente las gracias al Venerable Lhakdor-la por dedicar su tiempo a corregir el manuscrito (en Dharamsala, en el avión y en Estados Unidos) y por ser el traductor de nuestras charlas. También quiero mencionar mi reconocimiento a Thubten Jimpa-la, por traducir la conferencia de 1997. Siempre estaré agradecida a Tenzin Geyche Tethong-la, secretario personal de Su Santidad, por su tolerancia con mis peticiones y por toda su ayuda y cooperación.

De no haber sido por la diligencia y la implicación de todos mis predecesores y coordinadores de los programas espirituales, el Tushita Centre no sería lo que es hoy. El apoyo de todos nuestros generosos patrocinadores, amigos, socios y de la Foundation for the Preservation of Mahayana Tradition ha servido para que el Tushita sobreviviera todos estos años. Nombraré a unos cuantos de los que han constituido los pilares de nuestro centro, los Kakaria, Mathur, Roy, Khanna, Bhandari, Nanda, Sud, Cerri, Chawla, Jhalani, Singh, el Venerable Yeshe Chodron, Susie Roy, Bruno Furrer, Derek Goh y Joan Mahony. También me gustaría mencionar el importante papel desempeñado por el Venerable Marcel Bertels, el Venerable Roger Kunsang y el doctor Nick Ribush en toda la trayectoria del Tushita. Mi más sincero agradecimiento por su paciencia, ayuda y compromiso.

La colaboración de Karthika y Diya Kar Hazra de Penguin ha sido la que ha dado a este libro su formato final. Les doy las gracias por su arduo trabajo.

Por último, pero no por ello menos importante, me gustaría expresar mi gratitud a mi familia por ser una fuente constante de apoyo y afecto. Hecho especialmente en falta el amor y el apoyo de mi fallecida hermana Ashma Singh, que fue mi compañera de viaje en mi búsqueda espiritual y que discretamente colaboró en gran manera en las actividades del Tushita.

Que este libro sirva para que la comprensión y la experiencia espiritual de muchas personas sea más profunda y lleve la paz a sus vidas.

RENUKA SINGH
NUEVA DELHI, NOVIEMBRE, 1999

NOTA SOBRE LA TRADUCCIÓN

Cuando en el budismo se habla de sufrimiento corresponde a la palabra sánscrita *duhkha,* pero este "sufrimiento" es una cuestión de grados de intensidad. En el budismo hay distintos grados de sufrimiento o de insatisfacción: desde la insatisfacción por la temporalidad de los placeres hasta el sufrimiento por la vejez, la enfermedad y la muerte. El término *duhkha* abarca todos estos grados. Ésta es la razón por la que en la traducción hemos utilizado principalmente los términos "sufrimiento" e "insatisfacción", según el grado de intensidad del "sufrimiento" o de la "insatisfacción", a fin de no presentar una imagen del budismo como una filosofía que gira en torno al sufrimiento en el sentido en que solemos interpretarlo en nuestro idioma.

INTRODUCCIÓN

En 1976, mi apreciado maestro, el difunto Lama Thubten Yeshe (1935-1984), que era el más bondadoso de todos los *buddhas* del pasado, presente y futuro, decidió fundar un centro budista en Delhi en señal de agradecimiento al pueblo de la India por haber llevado el *Dharma* al Tíbet.

Como todo el mundo sabe, el maestro Shakyamuni Buddha, el fundador del *Dharma* que seguimos en la actualidad, nació en el norte de la India (ahora Lumbini, Nepal) hace más de 2.500 años. Su padre era rey del poderoso clan de los Shakya. Pero a los veintiún años, su hijo y heredero, el príncipe Siddhartha Gautama, impulsado por su deseo de saber por qué existe la insatisfacción, cuáles son sus causas y si hay alguna forma de superarla, renunció al reino y abandonó el palacio en busca de la verdadera naturaleza de la existencia. Tras estudiar durante seis años con muchos grandes maestros hindúes y practicar muchas austeridades, que le condujeron casi a morir por desnutrición, el príncipe Siddhartha decidió seguir el camino intermedio entre los extremos de la indulgencia de su anterior vida palaciega y la automortificación de sus prácticas más recientes. Se sentó debajo del árbol de la *bodhi*, en lo que ahora es Bodhgaya, Bihar, y meditó en soledad hasta que realizó su meta: la Iluminación completa, plena e incomparable. Entonces se convirtió en Bhagavan Shakyamuni Buddha, el sabio iluminado del clan de los Shakya.

Durante aproximadamente los cuarenta y cinco años siguientes hizo vida de renunciante, fue de un lugar a otro predicando y pasaba casi todos los veranos retirado. Impartió sus primeras lecciones en Sarnath, unas siete semanas después de su Iluminación. En este lugar es donde dio su famoso discurso sobre las Cuatro Nobles Verdades, en el que explicaba que la naturaleza de la vida mundana es la insatisfacción, que esta insatisfacción tiene una causa, que la insatisfacción puede cesar por completo y que existe un camino para conseguirlo. A partir de entonces, dondequiera que fuese, enseñaba a quienes fueran receptivos lo que necesitaran saber, según su grado de evolución. Durante el transcurso de su vida, y sin ningún orden en concreto, el Buddha impartió una increíble cantidad de conocimiento profundo y vasto a un inmenso número de personas. Al final, dejó el cuerpo en Kushinagar, a los ochenta años. Sus últimas palabras fueron que, puesto que todos los fenómenos condicionados son pasajeros, no debemos apegarnos a nada, sino que hemos de evitar diligentemente el mal, hacer sólo el bien y purificar nuestras mentes. Esto es lo que en esencia enseñaba el Buddha.

Durante mil años, el budismo –el *Dharma*, las enseñanzas del Buddha– floreció en la India y se difundió a muchos países como Sri Lanka, Pakistán, Afganistán, Birmania, Nepal, Thailandia y a otros países de sudeste asiático, China, Corea y Japón. El budismo se desarrolló extensamente y se crearon dos escuelas principales; cuya diferencia básica se encuentra más en la motivación del practicante que en su forma externa. Sin embargo, en general, la escuela Hinayana se extendió más por los países del sur, mientras que la Mahayana se difundió más por el norte.

A principios del siglo VII, el rey del Tibet, Songtsen Gampo (617-650), contrajo matrimonio con dos princesas budistas, una de Nepal y la otra china. Gracias a su influencia se convirtió al budismo y plantó las simientes de esta religión en el Tibet, construyendo varios templos y enviando a uno de sus ministros, Thönmi Sambhota, a la India para copiar los textos budistas a fin de que éstos se pudieran traducir del sánscrito al tibetano. Aproximadamente un siglo después, uno de sus sucesores, Trisong

Detsen (742-797), invitó al Tibet a los grandes maestros indios Shantarakshita y Padmasambhava. A pesar de las muchas fluctuaciones que tuvieron lugar en los siguientes siglos, el budismo se difundió por el Tibet. Sin embargo, a principios del siglo XI, el budismo tibetano sufrió un grave declive, empezaron a surgir falsas y engañosas enseñanzas y las prácticas degeneradas se expandieron por doquier. Consternado ante todo esto, el rey Lhalama Yeshe Ö de Guge, en el extremo oeste del Tibet, invitó al gran erudito-santo indio Atisha (982-1054) al Tibet para volver a introducir el *Dharma* puro en la Tierra de las Nieves.

Atisha, al igual que el maestro Shakyamuni Buddha, también había nacido en una familia real, pero renunció a su trono en Bengala para dedicarse a la vida espiritual. Durante su adolescencia y juventud estudió a fondo y practicó los *Sutras* y los *Tantras,* y justo antes de cumplir los treinta, fue ordenado monje y recibió el nombre de Dipamkara Srijnana. Su corazón se enfocó en alcanzar la Iluminación y sus múltiples experiencias le marcaron la importancia de desarrollar ante todo la *Bodhicitta*. Se enteró de que el más grande maestro contemporáneo de la *Bodhicitta* era el conocido *guru* Suvarnadvipi que vivía en lo que probablemente hoy en día es Sumatra. Atisha emprendió un viaje por mar extraordinariamente peligroso que duró trece meses, para estudiar bajo el auspicio de este gran maestro. Estuvo con él doce años, estudió y practicó hasta que desarrolló la *Bodhicitta*. Luego regresó a la India y al final se estableció en la gran universidad monástica de Vikramasila, en Magadha. Fue allí donde los emisarios de Lhalama Yeshe Ö encontraron a Atisha y le suplicaron que fuera al Tibet.

Puesto que Atisha era uno de los más grandes eruditos de la India, el abad de Vikramasila no quería concederle el permiso para ir al Tibet, pero al final accedió a que se marchara durante un período de tres años. Por aquel entonces, el rey Lhalama Yeshe Ö había muerto y su sobrino Jangchub Ö había ascendido al trono. Cuando llegó Atisha, Jangchub Ö le explicó cuánto había decaído el *Dharma* en el Tibet. Le rogó que no enseñara las enseñanzas más profundas y sorprendentes, sino la ley de causa y efecto y algo de *Dharma* sencillo que fuera fácil de practicar y que comprendiera toda la enseñanza del Iluminado.

Atisha, tremendamente complacido, compuso un breve texto de tres páginas denominado *Una l uz en el camino*, que aclaraba las enseñanzas del Buddha sobre los *Sutras* y los *Tantras*. Poco después las enseñanzas erróneas que habían invadido el Tibet desaparecieron por completo y el *Dharma* puro se difundió por todas partes. Esto fue muy beneficioso no sólo para los tibetanos, sino para el mundo entero. Durante este período, el budismo en la India sufría el azote de las destructivas tropas que habían invadido el país desde el oeste, arrasando monasterios, matando a los monjes y quemando textos. El *Dharma* no se volvió a recuperar de este ataque y durante el milenio siguiente desapareció en la India, la tierra donde había nacido. La corriente de budismo que se transmitió íntegra al Tibet fue la Mahayana, que garantizaría la continuación de su existencia para toda la humanidad.

El breve texto de Atisha fue el primero de un cuerpo de enseñanzas que en tibetano se denominaron *Lam-rim* o "pasos en el camino hacia la Iluminación". Las enseñanzas Lam-rim no contienen nada que no fuera enseñado por el propio Buddha. Más bien, son sencillamente una estructuración de todo lo que enseñó el Buddha durante cuarenta y cinco años, en un marco lógico y coherente que permite a todas las personas ver claramente de qué modo han de seguir el camino. Las Lam-rim son básicamente un mapa de carreteras hacia la Iluminación total del estado de budeidad. Los seguidores de Atisha siguieron desarrollando su presentación única del *Dharma,* y las enseñanzas Lam-rim se convirtieron en los fundamentos de la mayoría de las escuelas de budismo tibetano que se desarrollaron en los siglos posteriores. Su escuela pasó a ser conocida como la tradición Kadam.

Atisha no sólo enseño las Lam-rim a sus seguidores, sino que también trajo consigo los linajes de la sabiduría y del método de las enseñanzas del Buddha. El Buddha Shakyamuni transmitió sus enseñanzas de la sabiduría a Manjushri, quien a su vez las transmitió al incomparable erudito y yogui indio Nagarjuna, y éste a Aryadeva, Chandakirti y a muchos otros eruditos a través de los siglos, hasta llegar a Atisha. Las enseñanzas del método fueron transmitidas a Maitreya, que las dió a conocer a muchos otros maestros como Asanga, Vasubandhu y Suvarnadvipi, de quienes llegó hasta Atisha. Por consiguiente, las enseñanzas que Atisha llevó al Tibet no eran sólo las enseñanzas puras del Buddha, sino que habían sido transmitidas también mediante un linaje ininterrumpido que procedía directamente del mismísimo Maestro Shakyamuni. Esta impoluta tradición oral fue conservada en el Tibet y todavía se mantiene hoy en día en las mentes de los grandes *lamas* como Su Santidad el Dalai Lama, de quien nosotros las hemos recibido.

En el siglo XV, el Tibet vio a un gran maestro en la persona del *lama* Tsong Khapa (1357-1419). Altamente influenciado por los *kadampas* y tras haber estudiado con maestros famosos de las tres tradiciones principales de su tiempo –Nyingma, Kagyu y Sakya– el *lama* Tsong Khapa fundó una nueva tradición, la Gelug, que pronto se convertiría en la principal escuela de budismo en el Tibet. Ésta es la escuela a la que pertenecen los *dalai lama* y la que seguimos en el Tushita Mahayana Meditation Centre.

Anteriormente he mencionado que existen dos escuelas principales de budismo, la Hinayana y la Mahayana. Esta última se divide en dos: Paramitayana y la Vajrayana, que también se conocen como Sutrayana y Tantrayana respectivamente. También he dicho que la principal diferencia entre la Hinayana y la Mahayana residía en la motivación de sus practicantes. Esto se puede resumir con una cita de Su Santidad el Dalai Lama: «La práctica del budismo se puede resumir en una breve frase: "Si no puedes ayudar a los demás, al menos no les hagas daño"». Esto refleja la motivación que distingue a las dos escuelas de budismo. Idealmente, los practicantes deberían dedicar sus actividades a ayudar a los demás en la forma más elevada posible, es decir, en guiarles hacia la Iluminación. La motivación del Mahayana es: intentar alcanzar la Iluminación en nombre de todos los seres. El

19

término para este tipo de altruismo último es *Bodhicitta* y el peligroso viaje de Atisha y los años de práctica para alcanzar la realización destacan su importancia. A los que no pueden generar esta motivación tan amplia se les exhorta a que al menos no perjudiquen a los demás y ésta es la base de la práctica Hinayana: seguir la senda de *ahimsa* (no violencia) y esforzarse por alcanzar la liberación individual de la insatisfacción, es decir, *moksha* o *nirvana*. Sin embargo, quizás se debería enfatizar que estas prácticas fundamentales también subyacen a la práctica de las dos vertientes del Mahayana.

Puesto que el Sutrayana y el Tantrayana son escuelas del Mahayana, la motivación de los practicantes de ambas es evidentemente la *Bodhicitta*: el logro de la Iluminación con el único fin de conseguir la iluminación para los demás. La diferencia entre ellas es la velocidad con la que se puede alcanzar esta meta. Los practicantes de los *Sutras* pueden tardar innumerables eones en alcanzar la iluminación; al practicar las técnicas especialmente profundas del *Tantra*, se puede conseguir en tan sólo unos pocos años o vidas. Todas estas tradiciones budistas –Hinayana, Sutrayana y Tantrayana– se originaron en la India y fueron transmitidas al Tibet, donde fueron conservadas, practicadas y desarrolladas en su totalidad en su aislada y propicia atmósfera.

Por supuesto, todo cambió cuando los comunistas chinos empezaron a ocupar el Tibet poco después de que subieran al poder en China en el año 1949 y la situación llegara a su momento más crítico en el año 1959, cuando el pueblo tibetano se alzó contra sus opresores, pero fueron brutalmente sometidos. Su Santidad el Dalai Lama, su familia y muchos de sus maestros huyeron de la furiosa matanza del Ejército de Liberación del Pueblo, para refugiarse en la segura India, junto con aproximadamente unos cien mil tibetanos. Yo mismo –aunque nacido en Nepal, pero estudiante en un monasterio del sur del Tibet– formé parte de este éxodo. Proporcionarnos un refugio seguro de la persecución y la más que probable muerte en ese momento crucial fue otro de los grandes favores que la India ha hecho al pueblo tibetano.

Ésta es la razón por la que el *lama* Yeshe sintió la necesidad de intentar compensar esta amabilidad, y qué mejor modo que intentar restablecer el valioso *Dharma* en su tierra de origen, la India. El *lama* sugirió crear un centro para el estudio y la práctica del budismo. El nombre que escogió fue Tushita Mahayana Meditation Centre. *Lama* Yeshe ya tenía un centro de retiro llamado Tushita en Dharamsala, el hogar de Su Santidad y sede del gobierno tibetano en el exilio. Tushita es un nombre sánscrito para la Tierra Pura presidida por Maitreya, el futuro Buddha, que vendrá a la Tierra y restablecerá el *Dharma*, una vez haya finalizado la era de las enseñanzas del maestro Buddha Shakyamuni. En tibetano, la palabra es *Ganden* que era el nombre del primero de los múltiples monasterios fundados por el *lama* Tsong Khapa y sus seguidores del Tibet, significa "Tierra del Gozo".

Tras una búsqueda de dos años, en 1979, con la ayuda de uno de sus discípulos indios, el *lama* Yeshe encontró una casa ideal en el barrio Shantiniketan de Nueva Delhi para crear el centro, que empezó a ofrecer una práctica diaria de meditaciones matutinas y vespertinas y donde algunos de los grandes *lamas* tibetanos exiliados impartirían sus enseñanzas, como el tutor principal de Su Santidad, Kyabje Ling Rinpoche (1903-1983), su segundo tutor, Kyabje Trijang Rinpoche (1901-1981), Tsenshab Serkong Rinpoche (1914-1983), Song Rinpoche (1905-1983), Geshe Sopa Rinpoche y Geshe Rabten Rinpoche. Lama Gelek Rinpoche, que en aquella época residía en Nueva Delhi y que se convirtió en uno de los maestros habituales del centro. Muchos eruditos indios y practicantes budistas occidentales también han enseñado en Tushita, publicamos varias de estas enseñanzas en 1981 en un libro que llevaba por título *Teachings at Tushita*. El centro ha servido para acoger a peregrinos budistas de todo el mundo, y al *lama* Yeshe le gustaba alojarse en él siempre que pasaba por Delhi. Por supuesto, él también impartió muchas enseñanzas.

Desde 1974, a petición de sus múltiples discípulos internacionales, el *lama* Yeshe, que residía en el monasterio de Kopan (Katmandú, Nepal), viajó alrededor del mundo cada año, predicando, iniciando y fundando centros para el *Dharma* en muchos países distintos como Estados Unidos, Australia, Nueva Zelanda, Inglaterra, Italia y Francia. En 1975, el *lama* Yeshe creó una organización, la Foundation for the Preservation of the Mahayana Tradition (FPMT), para facilitar el desarrollo de esta red global del *Dharma* y para asegurarse de que en estos centros sólo se impartirían las enseñanzas puras del Buddha. Tushita pasó a formar parte de esta red de centros de enseñanza y de retiro, monasterios, editoriales y otras actividades relacionadas, que ahora sobrepasan las ciento diez en más de veinte países en todo el mundo. Entre estas actividades en favor del *Dharma* se incluyen numerosos proyectos en Bodhgaya, la ciudad donde Bhagavan Buddha alcanzó la Iluminación: un proyecto para una leprosería, una escuela y un hogar para los indigentes y la construcción de una estatua del *buddha* Maitreya de quince metros de altura.

En 1981, el *lama* Yeshe pidió a Su Santidad Tenzin Gyatso, el XIV Dalai Lama, que enseñara en Tushita. El linaje de los *dalai lama* se remonta a los tiempos del *lama* Tsong Khapa, cuyo sobrino y discípulo Gendun Drub (1391-1474) se convirtió en el primer Dalai Lama (aunque en vida no fuera reconocido como tal). Fue el Gran V Dalai Lama, Gyalwa Ngawang Losang Gyatso (1617-1682), quien unió al Tibet bajo el mandato *gelugpa* y construyó lo que supondría la imagen más duradera del Tibet, el palacio de Potala, la residencia de invierno de los *dalai lama* y sede del gobierno tibetano desde el siglo XVII hasta 1959. El predecesor de Su Santidad, Gyalwa Thubten Gyatso (1876-1933), fue conocido como el Gran Decimotercero por su sabiduría y perceptivo gobierno del Tibet durante los grandes cambios globales que tuvieron lugar en la primera mitad del siglo XX.

Los *dalai lama* son considerados encarnaciones de Avalokiteshvara, el *buddha* de la compasión, y el mero hecho de estar en su presencia ya es considerado una bendición, ni que decir tiene lo que supone recibir sus enseñanzas. Por consiguiente, el *lama* Yeshe pensó que sería maravilloso para los ciudadanos de Delhi tener la oportunidad de recibir las enseñanzas de Su Santidad.

Así que le pidió que participara en un acontecimiento patrocinado por el Tushita en otoño de 1981, que el *lama* Yeshe denominó Celebración del *Dharma*. Su Santidad aceptó gentilmente y la tradición de las Celebraciones Tushita del *Dharma* comenzaron con un programa en el hotel Ashoka de Nueva Delhi, al que asistieron más de cuatrocientas personas, principalmente residentes de Delhi. Ahora cada vez que Su Santidad imparte sus enseñanzas en las Celebraciones del *Dharma* en Nueva Delhi los auditorios o las salas albergan entre dos y tres mil personas.

Por desgracia, el *lama* Yeshe abandonó su cuerpo en 1984. Aproximadamente un año más tarde venció el contrato de arrendamiento en el barrio Shantiniketan y Tushita se trasladó a un piso en Nizamuddin East. A partir de entonces el Centro se ha seguido trasladando cada dos años, ahora está en Padmini Enclave, Hauz Khas, Nueva Delhi.

Las enseñanzas Lam-rim son la esencia del budismo tibetano, el corazón del Vajrayana, y constituyen la esencia de las enseñanzas impartidas en el Tushita. Se basan en el entendimiento de que la mente o cada arroyo individual de conciencia no tiene principio, y puesto que no tiene principio, la mente de todos los seres ha sido contaminada por la ignorancia, el apego y la aversión. La influencia de estos pensamientos negativos hace que creemos *karma* negativo, a raíz del cual experimentamos el sufrimiento, como renacer en estados desafortunados, el dolor, la enfermedad y todos los demás infortunios que caen sobre nosotros y sobre los demás. Sin embargo, aunque estos pensamientos negativos siempre han estado presentes, no son permanentes. A través de los medios adecuados, se pueden erradicar por completo, conseguir que se revele la naturaleza clara de la mente y liberar a las personas del sufrimiento para siempre.

¿Cuáles son estos medios adecuados? Éstos incluyen transformar la mente mediante la práctica de las enseñanzas Lam-rim. Una forma de comprender esto es contemplar en primera persona las enseñanzas clave del camino de la Iluminación en forma de una motivación, del siguiente modo:

Puesto que el tiempo no tiene principio, en todas mis innumerables vidas anteriores, he muerto y renacido en el *samsara*, los seis reinos de la insatisfacción de la existencia cíclica. Esta vez, por fin, he conseguido un nacimiento humano perfecto, que contiene ocho libertades y diez riquezas. Esto me ofrece una oportunidad sin precedentes para intentar alcanzar las metas importantes, como la Iluminación en nombre de todos los seres vivos, la liberación del ciclo de la insatisfacción, o al menos, mejores vidas futuras en el *samsara*. Si, en vez de ello, vuelvo a malgastar mi tiempo con mi apego a las comodidades de esta vida, destruiré por completo esta extraordinaria oportunidad.

No es fácil conseguir esta valiosa vida. Es el resultado de mi práctica del *Dharma* en muchas vidas anteriores, por ejemplo, la moralidad pura, la generosidad y el ofrecimiento de oraciones sinceras para el bienestar de los demás. No será fácil volverla a conseguir. Por eso, no debo malgastar esta rara oportunidad para beneficiar a los demás y a mí mismo.

Además, esta vida es extraordinariamente corta. Sé seguro que voy a morir, pero no tengo idea de cuándo será. Mi vida se está consumiendo constantemente, con mayor rapidez de lo que puedo imaginar, sin que se produzca una pausa. Y cuando muera, lo único que me ayudará será el *Dharma* que he practicado. Todo aquello por lo que he trabajado –poder, posición y posesiones– sólo obstaculizarán mis posibilidades de renacer en una vida mejor. Por lo tanto, sólo he de practicar el *Dharma* y he de hacerlo ahora.

Si no practico el *Dharma*, sino que simplemente continúo creando *karma* negativo y no purifico la inmensa cantidad que ya he creado en esta vida y en otras anteriores, renaceré en uno de los reinos inferiores –en el infierno, o en el reino animal o en el de los espíritus hambrientos– de los cuales es casi imposible escapar y donde experimentaré un sufrimiento continuo e insoportable. Si fuera a morir ahora mismo, y eso es como decir que no va a ser así, con seguridad iría a uno de esos aterradores lugares.

¿Quién puede guiarme en este momento de gran necesidad?

Las Tres Joyas –el Buddha, el *Dharma*, el *Sangha*– son mi única esperanza. Por consiguiente, por el temor al padecimiento en los tres reinos inferiores y con la plena confianza en su capacidad para guiarme, he de refugiarme en las Tres Joyas. ¿Cómo me protegen? Lo hacen mostrándome el camino para liberarme de la insatisfacción. Pero de mí depende seguir el camino que me indican. La esencia de esto es observar la ley del *karma*.

El *karma* es algo definido: el buen *karma* aporta felicidad; el mal *karma,* sufrimiento. Por eso, sólo he de crear buen *karma* y evitar el malo a toda costa. Al practicar de este modo, al menos podré renacer en los reinos superiores.

Pero renacer en un reino superior no es suficiente. Por lo que sé gracias a mi actual experiencia como humano, incluso en los reinos superiores hay mucho sufrimiento: enfermedad, heridas, envejecimiento y muerte; no consigo lo que deseo, pierdo lo que tengo y me encuentro en circunstancias desagradables. Estar en cualquier parte del *samsara* supone insatisfacción, porque siempre estoy expuesto a algún tipo de miseria y nunca sé qué me va a pasar ni cuándo. De ahí, que deba liberarme por completo de la rueda de la muerte y el renacimiento incontrolados y alcanzar la paz y la felicidad duraderas del *nirvana*.

Pero esto tampoco es suficiente. El apego a mi paz personal y esforzarme únicamente por ella es muy egoísta y cruel. Todos los seres desean hallar la felicidad y evitar el sufrimiento. En esto, soy igual a todos. Además, yo soy uno y ellos son un número infinito, por lo tanto, su felicidad es mucho más importante que la mía. Por otra parte, toda mi felicidad pasada, presente y futura –desde el más mínimo goce, como un soplo de aire fresco en un día caluroso, hasta la beatitud eterna de la Iluminación– depende de los demás seres. No sólo eso, sino que cada ser del mundo sensible ha sido mi madre en infinitas ocasiones y me ha mostrado el candor de una madre cada vez. Por esta y por muchas otras razones he de pagar toda esa amabilidad de la forma más elevada posible: conduciendo a todos los seres vivos a la Iluminación suprema de la budeidad.

Sin embargo, en estos momentos apenas puedo liberarme del sufrimiento. Ya es bastante difícil conducir a los demás a la felicidad ordinaria, no digamos a la Iluminación. Sólo un ser iluminado puede conducir a los demás a la budeidad; por lo tanto, para compensar la amabilidad de los demás, primero he de iluminarme yo. Para conseguirlo, he de encontrar a un maestro cualificado y estudiar, reflexionar y meditar en las enseñanzas del Buddha. Ésta es la forma más significativa de utilizar mi vida, así que, eso es lo que haré.

Su Santidad el Dalai Lama es un maestro perfecto, el gran tesoro de la compasión infinita que acoge a todos los seres, nuestra única fuente de beneficios y felicidad, nuestro único refugio. Su Santidad es más bondadoso que los tres veces *buddhas*. Por lo tanto, el mero hecho de sostener en nuestras manos este libro con las enseñanzas de Su Santidad es una gran bendición, ¿qué más se puede decir sobre leer sus palabras, reflexionar sobre su significado y meditar sobre él para realizar la verdad última?

Que esta enseñanza beneficie a todos los seres vivos y cree la causa para que puedan alcanzar la Iluminación; especialmente, que beneficie al pueblo de la India. Que cualquiera que vea, toque, recuerde o piense en este libro, nunca vuelva a renacer en un reino inferior. Que todas las visiones incorrectas respecto a la doctrina sean inmediatamente corregidas. Que todos los indios tengan una fe inquebrantable en el refugio y en el *karma;* que todos profesen una gran devoción por el budismo y realicen en esta vida todo el camino de la Iluminación, especialmente la *Boddhicitta*. Que estén inspirados para divulgar y aprender el *Dharma*. Pero, sobre todo, que las visiones incorrectas sean corregidas de inmediato. Que todos los indios deseen aprender el budismo y alcanzar la Iluminación y que lo practiquen para realizar todo el camino.

Mi experiencia con la gente de la India, especialmente de Delhi, me inspira a pensar en lo importante que es cuestionarse la calidad de la propia vida, examinar nuestra vida interior y revisar nuestro estado mental. ¿Eres realmente feliz con tu forma de vida actual? ¿Te llena y satisface por completo? Es importante que te guíes a ti mismo y que te liberes.

Podemos hablar de las filosofías de Oriente y Occidente; de todas las religiones y de muchas cosas asociadas a ellas: budismo, la *Bhagavad Gita*, la Biblia, el Corán…podemos leer todos los textos religiosos.

Podemos hablar y hablar sobre todas estas filosofías, durante toda la vida y no haber desarrollado nada en nuestro corazón. Éste sigue vacío, no alcanzamos la esencia de nada en esta vida. Vamos cada vez a peor, nuestro cerebro se llena de palabras como un ordenador, sin embargo, nuestra vida interior sigue vacía y sin sentido. No hay desarrollo espiritual en nuestro corazón y no renunciamos a los Tres Venenos: la ignorancia, el apego y el odio. Esto crea todos nuestros problemas en la vida, ahora y en el futuro, especialmente los provocados por la mente egocéntrica y los pensamientos de arrogancia que dañan a todos los seres vivos. No desarrollamos nada en el camino espiritual fundamental de la compasión y de la bondad amorosa hacia los demás. Nuestra vida interior permanece árida, aunque nuestro cerebro esté lleno de palabras.

Ya sea una persona sin cultura, un profesor, un filósofo, un mendigo o un millonario, un niño, un anciano, tú mismo o los demás, lo que todo el mundo busca es la felicidad; nadie desea problemas o insatisfacción. En lo que a la felicidad se refiere te puedes enfocar en la felicidad del momento o en la que trasciende las vidas. Hay felicidad que dura un minuto, una hora, doce horas, veinticuatro horas, ¿cuál prefieres? ¿Qué felicidad crees que es más importante alcanzar? Asimismo, hay felicidad que puede durar una semana, un mes o años. ¿Cuál prefieres? ¿Cuál es más importante?

En el presente, nos parece que un ciclo de vida es largo. Llevamos el concepto de la permanencia en nuestras mentes alucinadas y los fenómenos importantes, como la vida, se toman erróneamente como permanentes. Creemos que vamos a vivir mucho tiempo. Esto sucede de forma natural. La muerte llega un día y esta vida desaparece; la vida sucedió y ya se ha marchado. Parece como si tu vida humana hubiera sido tan breve como un rayo. Si el rayo se produce cuando estás en el exterior, en la oscuridad, sin luna y en un entorno rodeado de niebla, éste ilumina vívidamente tu cuerpo y las cosas que tienes a tu alrededor. Tienes una visión momentánea y al minuto siguiente ha desaparecido.

La muerte es así para los seres ordinarios que en el camino no han alcanzado el nivel en que se pueden liberar del sufrimiento del ciclo de la muerte y el renacimiento. Hasta que no se llega a ese nivel, la muerte es segura y puede suceder en cualquier momento. Por eso, se ha de considerar la felicidad de vidas futuras, que es más importante que la felicidad en esta vida. Hasta que te liberas del ciclo de la muerte y el renacimiento continúas teniendo muchas vidas. El tiempo que tardes en liberarte de este ciclo dependerá de si puedes realizar el camino inequívoco, fiable y probado. Aunque creas que este camino no está probado, ha sido probado por otros que han examinado, experimentado y realizado su liberación del ciclo de la muerte y del renacimiento. Así, puesto que deseas la felicidad, has de conseguir para todas esas inminentes vidas futuras, felicidad, que tengan sentido y que estén libres de insatisfacción. Y luego, lo que es aún más importante que la felicidad para las vidas futuras es la felicidad eterna, el cese de la insatisfacción.

Para el ser humano existe el sufrimiento del renacer, de la vejez, de la enfermedad y de la muerte; también hay problemas que surgen de los objetos deseables y de la imposibilidad de conseguirlos. Incluso cuando uno al fin ha encontrado lo que desea, no puede hallar satisfacción con ese objeto. Eso es lo que trastorna a la gente y da pie a los múltiples problemas del mundo. Una fruta puede parecer hermosa por fuera, pero en su interior estar totalmente podrida y llena de gusanos, del mismo modo, en nuestra vida podemos ser bellos por fuera, puede parecer que todo está bien e internamente ser un infierno. Muchas veces, cuando llegas a conocer a la persona que deseas, cuando te acercas a ella, al cabo de unos días, unas horas o incluso unos minutos, lo que descubres es que esa persona es atractiva por fuera, pero su interior no es tan hermoso.

Todos estos sufrimientos son dolorosos, pero éste no es el único tipo de sufrimiento del *samsara*. Hay otra clase de insatisfacción: el placer temporal, que en realidad es también sufrimiento. ¿Por qué? Porque estos sentimientos a nuestra mente alucinada le parecen placenteros, pero cuando los analizamos con sabiduría, nos damos cuenta de que sólo son sufrimiento. Estos placeres samsáricos temporales incluyen la buena reputación, los halagos, los placeres sensuales del hombre y de la mujer, la comida, la bebida, el tabaco, dormir, recibir regalos, la riqueza, etc.

Hay un tercer tipo de insatisfacción, que es la más importante. Ésta surge de los cinco agregados a nuestro cuerpo-mente contaminados que forman parte de la naturaleza del sufrimiento; la semilla de los agregados contaminados producida por la ilusión y el *karma*. Nuestro cuerpo-mente es el producto de una causa impura. Procede de las semillas contaminadas de los pensamientos perturbadores y ésta es la razón por la que se encuentra en la naturaleza del sufrimiento. Un pensamiento perturbador, sólo puede producir otro pensamiento perturbador. La mente se llena de depresión y soledad; siempre se siente insatisfecha, vacía, temerosa, porque hay mucha expectación y apego a las cosas. Hay demasiadas preocupaciones, la imposibilidad de obtener lo que deseamos y el temor por no conseguirlo. Luego está la insatisfacción que surge cuando no logramos lo que queremos. También están todos los problemas físicos y las distintas enfermedades insoportables. Están todos los problemas de la vejez, los inconvenientes de ser tan frágil y delicado.

De modo que la gran pregunta a tener en cuenta es: ¿por qué no experimentar una gran beatitud en vez de dolor? Para ello, primero hemos de descubrir quién ha sido capaz de conseguirlo. Al conocer quién creó la causa de la beatitud en vez de la del sufrimiento, podemos dar con la solución. Así puedes saber qué liberación alcanzar.

Entonces llegas al camino inconfundible, al método que realmente termina con la causa de la insatisfacción; y gracias a ese camino dejas de producirla. Esto incluye el fin del sufrimiento que surge de la continuidad de los agregados contaminados que nos persiguen vida tras vida. El cese de la insatisfacción compuesta omnipresente es la verdadera liberación. Si no experimentas ninguno de los otros dos tipos de insatisfacción (experiencia dolorosa y temporalidad de los placeres) no te puedes liberar. Éstos sólo pueden cesar temporalmente, mientras que no hayas concluido por completo tu *samsara,* tras haber terminado con los agregados contaminados.

Este cese te protege del sufrimiento de ir al infierno o de convertirte en un espíritu o animal hambriento. Te liberas para siempre de este sufrimiento. Una felicidad aún mayor es el cese de la sutil impronta negativa que queda por el concepto inherente de existencia: la existencia inherente del "yo" o de la identidad. Alcanzas el estado puro, el perfecto estado mental, el estado de Iluminación, felicidad incomparable, beatitud total, no se puede esperar nada más. Este logro es el más importante porque beneficia a todos los seres liberándolos del sufrimiento y conduciéndolos a la Iluminación. Teniendo esto presente, has de decidir cómo quieres conducir tu vida.

La Iluminación (el cese total del sufrimiento y la capacidad para conducir a todos los seres a ese estado) es la razón más importante de por qué no hemos de malgastar la vida que puede aportar los máximos beneficios no sólo a uno mismo sino a todos los seres. Para empezar en el proceso de la Iluminación, hemos de investigar en la naturaleza de nuestra mente. Nuestra mente es como el reflejo en un espejo limpio. La mente, como el espejo, no tiene ninguna clase de obstrucción. Los objetos aparecen y la mente los percibe, sin embargo, ella misma carece de forma y de color. No deja de existir en el momento de la muerte, ni siquiera cuando pierde su vehículo, el cuerpo. Es eterna. Para comprender el renacimiento, es preciso comprender la mente.

La mente no empezó a existir independientemente, sin causas

ni condiciones. Todas las ilusiones –orgullo, celos, ignorancia, etc.– siempre están cambiando debido a las causas y condiciones. Puesto que la mente es un fenómeno causativo, es impermanente. Existe bajo el control de causas y condiciones. Cambia según esas causas y condiciones. Por ejemplo, la ira surge debido a unas causas y condiciones. Además está la impronta que ha quedado en la mente de esa ira del pasado. Cuando una persona no controla la mente o la protege con el remedio de la meditación o la psicología, la ira surge debido a las improntas que han quedado almacenadas de la ira del pasado y a la condición externa de encontrarse con objetos no deseados. La mente es la responsable de cómo nos enfrentamos a un encuentro con un objeto no deseado; la mente es la que da una interpretación negativa de un objeto, con un razonamiento negativo. Creemos en estas razones y adjuntamos una etiqueta negativa al objeto; entonces surge la ira. Así, nuestra mente también crea el objeto de la ira. Por lo tanto, tu enemigo y aquello contra lo que tomas represalias son en realidad producto, de tu propia mente.

La causa principal de la ira es la impronta negativa de la ira pasada que se aloja en tu conciencia mental. La ira surge, cuando no tienes paciencia con el objeto o con el enemigo. Es sencillamente una forma de pensar diferente sobre la persona que está apegada a ti y a la que le gustas. La paciencia es lo que pone la etiqueta positiva a una experiencia negativa. La paciencia genera una mente positiva, tranquila y saludable.

Una persona insatisfecha que está llena de odio o ira se vuelve positiva si genera paciencia. La paciencia te ofrece las mayores ventajas y beneficios en la vida, el mejor desarrollo espiritual. Transforma tu mente, te enseña a ser más paciente y aplaca tu ira. Dejas de tener enemigos en esta vida y en vidas futuras.

La meta en la vida es no herir a los demás, sino beneficiarles, hacer que su vida sea útil, liberarles de los problemas, desarrollar la compasión y la sabiduría para crear una mayor felicidad para los demás. Al comprender el sufrimiento y nuestra mente, podemos hallar la motivación para conseguir estas metas y cumplir con el propósito de la vida. La actividad más importante es vivir las veinticuatro horas del día con esta actitud. La compasión y la sabiduría llenan el corazón vacío de dicha.

Lama Thubten Zopa Rinpoche

I. TRANSFORMAR LA MENTE

Para practicar el budismo, en primer lugar has de conocer la mente. Incluso aunque no seas creyente puedes intentar mejorar o adiestrar tu mente, siempre que la conozcas. Cualquier ser humano normal puede adiestrar la mente y al final le resultará útil.

Básicamente, de eso tratan los *Ocho versos*. Primero nos enseñan a manejar las emociones negativas y después a mejorar o transformar nuestra mente. Como practicante has de prestar atención a tu mente para intentar tenerla siempre bajo control. Continuamente has de intentar eliminar todas las emociones negativas y desarrollar otras positivas, sobre todo en la práctica del budismo, puesto que algunas personas dicen que el budismo es la ciencia de la mente.

Todos queremos felicidad, nadie desea sufrir. Muchos de nuestros problemas son proyecciones mentales de ciertas cosas negativas o desagradables. Si analizamos nuestra actitud mental, puede que la encontremos bastante insoportable. Por consiguiente, una mente bien equilibrada es muy útil y hemos de intentar y conseguir tener un estado mental estable.

Todo el mundo quiere tener un cuerpo sano, a nadie le gusta estar enfermo. Por lo menos a mí no me gusta, pero me resfrío muy a menudo, especialmente cuando voy a Bodhgaya. Casi cada vez que voy allí ¡la bendición es tan grande que siempre pillo una gripe! Pero el caso es que todos queremos tener buena salud, y uno de los medios importantes para conseguirla es tener una mente estable.

El adiestramiento mental es esencial para la buena salud. La buena salud y la estabilidad de la mente significan gozar de una vida buena y feliz y de un futuro prometedor. Aunque una persona se encuentre en un entorno hostil, si tenemos una actitud mental firme y estable, la hostilidad no le causará demasiados trastornos. Sin estabilidad mental interna o la actitud mental correcta, no podemos ser felices, estar tranquilos o tener paz, aunque estemos rodeados de los mejores amigos o de las mayores comodidades. Ésta es la razón por la que es vital adiestrar la mente y no debe considerarse un asunto religioso. Todas las personas deberían practicar alguna técnica o método para adiestrar la mente. La mente no tiene color, ni forma y es difícil de identificar. Sin embargo, es poderosa. A veces resulta difícil revisarla, cambiarla y controlarla. Creo que en gran medida depende del tiempo, de la voluntad, de la determinación y de la sabiduría. Si tenemos determinación y sabiduría –esta última implica conocimiento–, entonces la cuestión es cómo adiestramos la mente. Al final, con el paso del tiempo, nuestra mente puede cambiar y mejorar. Por ejemplo, respecto a mis padres, mi madre era extraordinariamente amable y tenía mucha paciencia, mientras que mi padre se enfadaba fácilmente. En los primeros años de mi vida, me sentía mucho más allegado a mi padre y, por ende, tenía tendencia a la ira. Más adelante me sentí más próximo a mi madre y estaba mucho más calmado. Aprendí de ambos. Tradicionalmente, los tibetanos creen que las personas que proceden de Amdo tienen más mal genio y son más directas. Puesto que yo soy de esa región, ¡tengo una buena excusa para mi carácter iracundo!

Puedes adiestrar tu mente analizando el defecto de la ira, así como a través de las experiencias de otras personas. También es útil revisar la historia. Siempre que examino la tragedia humana, descubro que en la mayoría de los casos es el resultado de la conducta humana, de las emociones negativas como la ira, el odio, los celos y la codicia extrema. Todas las cosas buenas son experiencias humanas más felices y constructivas, principalmente motivadas por el respeto hacia los derechos de los demás y la preocupación por su bienestar: compasión, amor y amabilidad.

Una investigación profunda de las experiencias humanas, de los acontecimientos pasados y de la práctica cotidiana es absolutamente necesaria para conseguir el cambio y la mejora. Los seres humanos nos parecemos en nuestros deseos. Ésta es la razón por la que controlar la mente es importante.

Los *Ocho versos* explican la importancia del altruismo y cómo preservarlo cuando nos encontramos con situaciones difíciles en la vida. Tanto para los seres humanos como para los animales, la sociedad se funda en el afecto o en el amor. Durante el período en que estamos en el útero materno, la estabilidad mental y la paz de la madre son muy importantes para el desarrollo del feto. Las primeras semanas después del nacimiento también son un período crucial para el desarrollo del cerebro. Durante esa fase el contacto físico con la madre es extraordinariamente importante. Esto demuestra que la condición física necesita de por sí la calidez y el afecto de los demás. El primer acto del bebé humano es mamar. El acto de mamar o de recibir la leche no surge del odio o de los sentimientos negativos. Aunque en ese momento la mente del bebé no esté clara y no tenga una idea bien formada sobre su madre, hay un lazo o sentimiento de proximidad firmemente establecido. Sin embargo, si la mente de la madre alberga ira o algún sentimiento negativo hacia el niño, puede que no tenga leche. Es el profundo afecto y el sentimiento de proximidad hacia el bebé el que permite que la leche fluya adecuadamente. Dirigirnos hacia nuestra madre para alimentarnos es nuestro primer acto como seres humanos.

En los meses y años siguientes dependemos mucho de los demás, principalmente de nuestros padres o cuidadores.

Sin su bondad y responsabilidad, el niño no podría sobrevivir. Como estudiantes nos damos cuenta de que si un profesor es afectuoso o accesible, sus lecciones y su propia persona dejan una impresión duradera en nosotros.

De tanto en tanto hemos de visitar a los médicos, incluso aunque no queramos. Aunque el médico pueda estar muy cualificado, si su rostro está tenso y no dibuja ninguna sonrisa, nos sentimos incómodos. Si muestra una verdadera preocupación por nuestra salud y es amable, nos sentimos bien.

Cuando nos hacemos mayores, volvemos a depender mucho del afecto y de la bondad de los demás. Así es la naturaleza humana. Puesto que los seres humanos somos criaturas sociales, dependemos mucho los unos de los otros para nuestra supervivencia.

Incluso los animales pequeños y los insectos como las abejas y las hormigas tienen algún tipo de instinto social. Tienen un gran sentido de la responsabilidad y trabajan juntas en equipo. Si observamos las abejas, vemos que trabajan en cooperación, aunque no tengan ninguna religión, constitución o leyes. Su constitución y forma de vida exigen que trabajen juntas; de lo contrario, no pueden sobrevivir. Los seres humanos reivindican ser seres superiores, pero de hecho a veces son inferiores a estos diminutos insectos. Nuestra situación exige que vivamos juntos y por eso lo hacemos. Es una ley natural, pero algunas veces actuamos del modo opuesto.

Según el budismo, las plantas no tienen mente o conciencia. Como monje budista, digo que no tienen conciencia; pero no lo sé, es difícil poder decirlo. Creo que hemos de investigar más sobre ello. A veces la gente dice que las plantas tienen algún tipo de poder cognitivo o sentimiento. Incluso sin conciencia o mente, su existencia se basa en la cooperación de cada partícula y cada célula. Cada partícula tiene una obligación o función, y todas las partículas trabajan juntas para que la planta pueda sobrevivir y desarrollarse. Asimismo, la función y la existencia del mundo, del propio planeta, incluso del universo, depende de la cooperación.

Las distintas partes del cuerpo humano actúan en conjunto y nos permiten funcionar correctamente. Nuestra existencia y supervivencia depende de la cooperación y de la coordinación de estas partes. Veamos el ejemplo de la familia humana. En ausencia de cooperación y de comprensión, padres e hijos están siempre peleándose entre ellos. Lo mismo sucede con las parejas. Luego viene el divorcio y ya no hay paz ni felicidad. Han arruinado su matrimonio. La cooperación es necesaria para tener un cuerpo, una familia, una sociedad y una nación sanas. ¿Cómo desarrollamos la cooperación? ¿Por la fuerza? ¡Imposible! Entonces, ¿cuál es la alternativa? Las acciones voluntarias, el altruismo y mostrar preocupación por el bienestar y los derechos de los demás. Esto no tiene por qué considerarse sagrado; puesto que es en nuestro propio interés y nuestra supervivencia depende de ello. Por ejemplo, si te preocupan otras personas y sientes una verdadera amistad hacia ellas, éstas también te responderán apropiadamente.

Me encantan las sonrisas y la risa. Si uno quiere más sonrisas en su vida, ha de crear las condiciones adecuadas para que se produzcan. Hay muchos tipos distintos de sonrisas. Algunas son diplomáticas o sarcásticas, crean una atmósfera desagradable y dan lugar a sospechas, mientras que una sonrisa genuina nos proporciona mucha satisfacción. ¿Cómo la conseguimos? Desde luego no a través de la ira, los celos, la codicia o el odio, sino mediante la bondad amorosa, una mente abierta y la sinceridad.

Si eres sincero, no tienes nada que ocultar y recibes a cambio una actitud abierta. Éste es el verdadero canal de la comunicación humana, no es un mero acto de habla superficial. Por experiencia propia, he observado que a veces me resulta muy fácil comunicarme sinceramente con otra persona, incluso aunque no hable su idioma. Pero en otras ocasiones es difícil no actuar con malicia.

Cuando las personas tienen poder, los demás tienden a revolotear a su alrededor. Creo que desde que me concedieron el Premio Nobel de la Paz tengo más amigos. Estos amigos puede que no sean muy dignos de confianza. La gente famosa, con poder o rica suelen tener muchas amistades. Estos amigos, en realidad, puede que no sean verdaderos amigos, puede que sólo se sientan atraídos por la riqueza o el poder. Si esa persona pierde su poder o riqueza, los amigos desaparecen. Considero que esa clase de amigos no es recomendable.

Los verdaderos amigos comparten una verdadera proximidad y siguen siendo amigos, independientemente de las fluctuaciones de sus fortunas. Esa preocupación por los demás es una gran virtud, pero también es egoísta en cierto sentido, puesto que en último término es en nuestro propio beneficio e interés. Con frecuencia les digo a mis amigos que si hemos de ser egoístas, hemos de serlo inteligentemente. Si somos sinceros tendremos amigos de confianza y nos beneficiaremos mucho. Si rechazas a los demás, te olvidas de su bienestar y sólo piensas en ti mismo, al final tú serás el perdedor.

De modo que la estructura básica de la sociedad humana requiere un sentido de responsabilidad basado en el altruismo y la compasión. La fuente última de felicidad es el altruismo. El éxito en la vida depende de la determinación, de la voluntad y del valor. Y la fuente de este valor y determinación es el altruismo. A veces la ira y el odio crean una especie de energía y determinación. Esta determinación, sin embargo, rara vez tiene buenas consecuencias, porque la energía creada por la ira y los celos es ciega, dañina e incluso puede ser letal.

La técnica o método budista para mejorar la mente se basa en la teoría de la interdependencia o *pratityasamutpada*. Ésta se basa principalmente en las causas del dolor y el placer y en el hecho de que todo está interconectado, lo que crea una reacción en cadena. Tal como he dicho antes, la satisfacción o felicidad depende de una serie de factores. Por lo tanto, el *pratityasamutpada*, de hecho, amplía nuestra visión del mundo. Nos muestra que todo está vinculado en beneficio nuestro. Como es natural, esto nos permite desarrollar un interés por la perspectiva más amplia. Comprender esta teoría y ponerla en práctica puede fomentar la bondad y la compasión y aplacar nuestra ira y odio.

Según el budismo, existe una relación proporcionada entre causa y efecto, en la que el dolor y el placer desempeñan su función. La causa inmediata es el *karma*. *Karma* significa acción. Los acontecimientos del mañana dependen de nuestras acciones del presente, los acontecimientos de este año dependen de los del año pasado, mientras que los de este siglo están conectados con los de siglos anteriores. Las acciones de otras generaciones anteriores afectaron a las vidas de las generaciones posteriores. Esto también es una forma de *karma*. Sin embargo, existe una diferencia entre las acciones llevadas a cabo por un grupo de personas o de seres vivos en conjunto, y las realizadas por una persona sola. En los casos individuales, las acciones de los primeros años de nuestra vida repercuten en los años posteriores de la misma.

¿Cuál es entonces la fuente de la acción? ¿Cuál es la motivación de la mente? Y lo que es aún más importante, ¿qué es la mente? ¿Es el cerebro o es algún tipo de energía producida por el cerebro? La respuesta es: ambas cosas. Es ambas cosas, porque mientras el plano más burdo de la conciencia es el producido por el cerebro, la fuente última de la misma es la conciencia más sutil y profunda que no depende del cerebro. Entonces, ¿cuál es la causa última y más sutil de la conciencia? Hay dos causas: una "sustancial" y una "cooperativa".

A los seres humanos nos ha costado mil millones de años llegar a nuestro estado actual. Durante tres o cuatro mil millones de años no había vida; sólo algunas células primarias. A pesar de la evolución humana, seguimos formulándonos la misma pregunta: ¿por qué se ha manifestado todo el universo o esta galaxia? ¿Cuál es la razón? Podríamos decir que no hay razón o que ha sucedido de repente, pero hoy en día esa respuesta no nos convence.

Otra respuesta es que ha sido la obra del Creador o de Dios. Pero para la filosofía budista y jainista esta visión no es válida. La respuesta budista es que se ha creado como resultado del *karma* de los seres que utilizarían estas galaxias. Pongamos el ejemplo de una casa. Una casa existe porque hay un constructor que la edifica para que pueda ser utilizada. Del mismo modo, puesto que había seres que podían habitar o utilizar esta galaxia, su *karma* llegó a producirla.

No podemos explicar esto basándonos en algo físico, sólo en la continuidad de la mente. La conciencia o mente más sutil no tiene principio ni fin. Ésa es su naturaleza primordial. No me estoy refiriendo a la naturaleza absoluta. Incluso en el plano convencional, la naturaleza primordial de algo es pura. La mente burda, cuyas raíces se anclan en la conciencia, tiene su propia naturaleza última que es pura. Puede estar tanto bajo la influencia de emociones negativas como de pensamientos positivos. Todas las emociones negativas se fundan en la ignorancia y ésta no tiene una base sólida.

Según la filosofía budista, todo ser vivo que tiene una mente y una conciencia, tiene el potencial de convertirse en un *buddha*. Esta conciencia sutil se denomina semilla búdica o *sugatahridaya* o *tathagatagarbha*. Ésta es la base del budismo en general y del Mahayana en particular. En el budismo Mahayana, la meta última es la budeidad o la Iluminación. Uno ha de tener la determinación de alcanzar la budeidad a fin de servir a todos los seres. Esta determinación es la *Bodhicitta,* que es la esencia de la enseñanza mahayánica del altruismo infinito.

Para desarrollar la *Bodhicitta,* en primer lugar hemos de conocer las Cuatro Nobles Verdades. Es posible terminar con la insatisfacción. Para conseguirlo, hemos de saber de qué clase de insatisfacción se trata y qué es lo que la provoca. Sólo entonces se puede lograr que cese y podremos seguir el verdadero camino. Nos ayudará a desarrollar la determinación y el altruismo. Hemos de recitar los *Ocho versos* cada día y hacer que formen parte de nuestra vida cotidiana. Cuando nos enfrentamos a los problemas, inmediatamente hemos de leer, recitar y practicar los *Ocho versos*. Es difícil de llevar a la práctica, pero es mejor intentarlo para luego no lamentarnos por no haberlo hecho.

I

Con la determinación de conseguir
el bienestar más alto para todos los seres,
quienes superan incluso a la gema que otorga los deseos
que en todo momento sigan siendo queridos para mí.

Este verso proclama que para alcanzar la budeidad, hemos de desarrollar un altruismo infinito y realizar buenas acciones. Dependemos mucho de los demás seres vivos. Sin ellos no podríamos desarrollar ese altruismo infinito y no podríamos alcanzar la budeidad. Debemos nuestra fama, riqueza y amigos a los otros seres. Por ejemplo, sin otros seres vivos no podríamos llevar prendas de lana, puesto que no podemos tener lana sin las ovejas. Los medios de comunicaciones son los responsables de la fama y así sucesivamente; incluso la reputación depende por entero de otros seres.

Desde nuestra concepción hasta la muerte, nuestra vida depende de los demás. Es importante ser conscientes de qué modo los otros seres son útiles y valiosos. Tan pronto como nos damos cuenta de esto, nuestra actitud negativa respecto a los demás empieza a cambiar.

II

Siempre que me asocie con alguien,
que piense que yo soy el más inferior de todos,
y que vea a los demás como supremos,
desde lo más profundo de mi corazón.

Nuestra actitud externa respecto a los demás siempre ha de ser positiva. Hemos de preocuparnos por los demás sin sentir pena por ellos. Ante todo, hemos de tratarlos con mucho respeto, puesto que son muy valiosos. Hemos de considerarlos sagrados y superiores a nosotros.

III

Que en todas las acciones busque mi mente,
y tan pronto como aparezca la *klesha* o ilusión,
poniéndome a mí o a los demás en peligro,
que pueda enfrentarme a ella con firmeza y evitarla.

IV

Cuando vea seres de naturaleza malvada,
bajo la presión del mal, de la violencia y de la aflicción,
que pueda amar a estos seres poco comunes,
como si hubiera hallado un valioso tesoro.

Estos versos nos explican cómo controlar nuestras emociones negativas. Nuestra mente está muy influenciada por ellas debido a nuestras infinitas vidas pasadas y nos cuesta mucho desarrollar el altruismo. Hemos de luchar constantemente contra estas emociones negativas. Hemos de utilizar distintos métodos para enfrentarnos a las fuerzas de la ira. Es difícil controlar la ira intensa y repentina. Simplemente has de intentar olvidar el objeto de la misma y desviar tu atención de ella. Concéntrate en la respiración. Esto enfría un poco la ira. Luego intenta pensar en sus aspectos negativos y reducirla o eliminarla por completo.

Existe otra clase de ira que no es demasiado fuerte. Una forma de tratar la ira hacia nuestro enemigo es enfocarnos en sus buenas cualidades. Intenta desarrollar un respeto y una simpatía hacia él. Como en el *pratityasamutpada*, todo objeto tiene muchos aspectos. Casi ningún objeto puede ser del todo negativo. Todo tiene un lado positivo. Sin embargo, cuando surge la ira, nuestra mente sólo percibe la parte negativa.

Por una parte, nuestro enemigo nos crea problemas, por la otra, nos ofrece la oportunidad de practicar la paciencia y la tolerancia, dos cualidades necesarias para la compasión y el altruismo.

Cuando aparecen la codicia extrema u otras emociones negativas, hemos de estar preparados para ellas. Si adoptamos una actitud indulgente cuando aparece la emoción negativa, ésta se vuelve más fuerte. De modo que recházala o intenta mitigarla desde su inicio.

V

Cuando los demás me traten mal por envidia,
me insulten, calumnien y demás,
que yo sufra la derrota
y les entregue a ellos la victoria.

VI

Si alguien a quien he beneficiado,
en quien he puesto la confianza me hiere profundamente,
que pueda verle
como a mi *guru* supremo.

Esto es difícil de poner en práctica, pero esencial si queremos desarrollar el verdadero altruismo. Algunas prácticas de *bodhisattva*, parecen imposibles y poco realistas; sin embargo, son importantes.

Si somos humildes y sinceros, puede que ciertas personas se aprovechen de nosotros. Incluso en tales situaciones, no hemos de albergar ningún sentimiento negativo hacia esa persona. En su lugar, hemos de analizar la situación. Al permitir que esa persona haga lo que le plazca, al final ella será la perjudicada. Por lo tanto, hemos de tomar algunas medidas preventivas. Hemos de hacerlo no porque esa persona nos haya perjudicado, sino porque nos preocupa su bienestar a largo plazo.

Cuando la ira domina nuestra mente, la mejor parte del cerebro humano, la que juzga las situaciones, no funciona bien. Entonces, puede que sin pretenderlo utilicemos palabras que hacen daño. Las palabras de odio surgen automáticamente debido a la falta de control, cuando no podemos dominar la situación. Una vez se ha calmado nuestra ira, puede que nos sintamos avergonzados.

VII

Que directa e indirectamente
ofrezca beneficios y felicidad a todas mis madres,
que secretamente asuma
el mal y el sufrimiento de esas madres.

Este verso nos dice que beneficiemos a los demás seres antes que a nosotros mismos y que asumamos su sufrimiento. Esto se puede practicar mediante la respiración profunda: tomamos el sufrimiento al inhalar y exhalamos felicidad. También podemos hacerlo visualizando o adiestrando la mente para que se enfoque en el objeto de la meditación.

VIII

Que todo esto permanezca impoluto de las manchas,
que al tener en cuenta los Ocho principios mundanos
pueda yo percibir todos los *dharmas* como ilusorios,
que el desapegado me pueda liberar de la esclavitud, *samsara*.

Para meditar sobre el altruismo más sublime, es importante comprender su significado. En el budismo, se dan diferentes interpretaciones a los distintos niveles de los principios. De las cuatro escuelas filosóficas, la interpretación que se da aquí es a la que se hace referencia en los principios budistas más elevados,

Prasangika-Madhyamika. Según esto, la vacuidad significa que ningún fenómeno puede tener una existencia inherente. Al comprender la falta de existencia inherente de la naturaleza, podemos entender la naturaleza ilusoria de todos los fenómenos.

Practica el altruismo infinito con la ayuda de la sabiduría. Ése es el camino.

CONSTITUTION CLUB LAWNS, 1990

II. UN VIAJE A LA FELICIDAD

Como seres humanos en esencia somos iguales; al fin y al cabo todos pertenecemos al mismo planeta. Todos los seres vivos poseemos la misma naturaleza innata que anhela la felicidad y rechaza la aflicción. Todos nos amamos a nosotros mismos y queremos algo bueno. Ahora bien, en lo que respecta al bienestar material, ya hemos conseguido mucho, pero todas las naciones del planeta luchan por obtener más comodidades y crear una sociedad más próspera.

Puede que al final lo consigamos. Sin embargo, el desarrollo material no basta para que el ser humano logre la felicidad. La razón es bastante sencilla: los seres humanos no procedemos de una máquina, somos algo más. Por lo tanto, necesitamos algo más que los objetos externos para ser felices.

Lo más importante en la vida humana es el afecto. Sin él no podemos alcanzar la verdadera felicidad. Si queremos que nuestra vida, familia, vecinos o nación sean más felices, la clave para conseguirlo es la cualidad interior. Aunque los cinco mil millones de habitantes de la Tierra se hagan millonarios, sin el desarrollo interior no puede haber paz o felicidad duraderas. Algunas personas pueden ser muy ricas, pero con frecuencia descubrimos que no son felices. El afecto, el amor y la compasión son algunos de los elementos más importantes de nuestra vida. La paz mental es esencial para la buena salud. Por supuesto tener comodidades, una buena medicina y alimentación también influye. Pero la felicidad es el factor más importante para gozar de buena salud.

A todos nos preocupa la paz. Las armas o las fuerzas milita-
res, bajo ciertas circunstancias y en según qué momentos, pueden
producir una paz relativa. Sin embargo, a la larga, es imposible
alcanzar una paz duradera y auténtica en el mundo mediante la
confrontación militar, el odio y las intrigas. La paz en el mundo
se ha de desarrollar mediante la paz mental, la confianza y el respeto mutuo. Para conseguirlo, una vez más el factor clave es la
compasión o el altruismo.

Vamos a repasar lo que significa una familia feliz. Lo más importante es el afecto. Tener éxito en la vida o no tenerlo depende
mucho del entorno en el que nos eduquemos. Los niños que cre-
cen en familias donde hay mucho amor y compasión son más felices y tienen más éxito. Por otra parte, la vida de un niño puede
verse arruinada si crece en un ambiente de temor o donde falte el
amor y el afecto.

¿De dónde procede el afecto y cómo podemos desarrollarlo o
incrementarlo? Mientras exista la mente, existirá la semilla del
afecto. Aunque los pensamientos negativos y positivos forman
parte de la mente, la fuerza dominante en la conciencia o en la
vida humana es el afecto. Por lo tanto, la semilla de la compasión
forma parte de nuestra naturaleza desde el nacimiento. Cuando
nacemos carecemos de ideología y de religión, que llegan más
tarde, pero no nos falta el afecto humano. Un bebé no puede sobrevivir sin él.

El afecto es un elemento importante en la concepción. El
afecto y la compasión no son sólo una búsqueda del amor o del
placer. La verdadera compasión no es sólo la solidaridad y el sentimiento de cercanía, sino también un sentido de responsabilidad.
La compasión genuina se genera cuando nos damos cuenta de
que las personas que sufren o a las que les falta felicidad y prosperidad quieren la felicidad igual que nosotros. La compasión es
desarrollar un interés genuino por ellas.

Generalmente pensamos que la compasión es un sentimiento
de proximidad hacia nuestros amigos, pero esa visión está contaminada por las proyecciones mentales. Mientras una persona sea

una buena amiga nuestra, mantenemos una actitud positiva hacia ella. En cuanto cambia la actitud de esa persona o nuestros sentimientos hacia ella, la compasión también deja de existir. Esto no es verdadera compasión, sino un apego.

La compasión genuina implica analizar la situación independientemente de si esa persona es allegada a nosotros. El hecho es que hay una persona que tiene un problema, que está afligida y que tiene el mismo derecho que yo a superar el sufrimiento y a ser feliz.

El matrimonio y la concepción no son sólo el resultado de un amor loco. Son el fruto de conocerse bien. Cuando conoces la actitud mental de tu pareja, tanto como su aspecto físico, ambos podéis desarrollar una confianza y un respeto mutuo. Sólo sobre esta base se puede consumar el matrimonio. Ello implica un sentido de la responsabilidad. La concepción humana ha de tener lugar bajo tales circunstancias.

Como seres humanos, poseemos inteligencia y habilidades extraordinarias. Los más inteligentes son más previsores y los que pueden asumir mayor responsabilidad respecto a ellos mismos y a los demás. De hecho, los seres humanos no sólo son responsables de los otros seres humanos, sino del bienestar de los otros seres vivos y del planeta. Si utilizamos nuestra inteligencia y habilidades de forma destructiva, el resultado será desastroso y trágico. Hemos de usarlas de manera constructiva. Estoy bastante seguro de que las personas que poseen una inteligencia y habilidades extraordinarias y las utilizan para manipular a las personas y las situaciones en su propio beneficio acaban con un profundo sentimiento de culpa.

Creo que tanto los humanos como los animales poseen un sentido innato para apreciar la verdad. Si tratamos con sinceridad a un perro o a un gato, éstos lo aprecian. Si les engañamos, se dan cuenta de ello y no les gusta. Si un ser humano se comunica honradamente con los demás, éstos lo aprecian. Si les engañamos, reaccionarán correspondientemente, tanto si son creyentes como si no lo son, si son ricos o pobres, cultos o incultos. Por consiguiente, la compasión y la sinceridad existen porque no queremos engañar a las personas y porque todos tenemos el mismo derecho a ser felices. La compasión, tal como he mencionado antes, es una combinación de solidaridad e interés, un sentimiento de cercanía con un sentido de la responsabilidad.

Algunas personas creen que la compasión, el amor y el perdón son asuntos religiosos. Eso no es cierto. El amor y la compasión son imprescindibles. No podemos pasarlos por alto en modo alguno, seamos creyentes o no. Son necesarios si queremos felicidad y si pretendemos ser buenos ciudadanos. En lo que respecta a la religión, si aceptar una en particular te hace sentirte mejor, entonces practícala. Si no quieres hacerlo, no importa, déjalo estar. Pero comprender la naturaleza de la compasión es importante, porque es una cualidad humana básica y necesaria.

La felicidad es mental. Las máquinas no pueden proporcionárnosla, ni tampoco podemos comprarla. El dinero y la riqueza son sólo fuentes parciales de felicidad, pero no son la felicidad absoluta. Esto no nos dará la felicidad directamente. La felicidad se ha de desarrollar en nuestro interior; nadie nos la puede dar. Su origen último es la tranquilidad o la paz mental. No depende de los factores externos. No importa si carecemos de comodidades, de una buena educación o si tenemos éxito en la vida, mientras tengamos confianza interior.

El interés, la consideración por los demás y el afecto son factores de suma importancia para nuestra felicidad. La compasión nos confiere fuerza interior, un sentimiento de valía interna.

Intenta transformarte en un buen ser humano con un corazón afectuoso, independientemente de que seas político, una persona religiosa, te dediques a los negocios o a cualquier otra cosa. Nuestra conducta individual puede contribuir a hacer que nuestra familia y comunidad sean más felices.

Las diversas religiones aparecen en distintos momentos y lugares. Creo que las religiones simplemente refuerzan las cualidades humanas; reducen las cualidades negativas y fomentan las buenas. Todas las grandes religiones del mundo tienen el mismo mensaje en lo que al amor y a la compasión se refiere, aunque lo expresen de modos distintos. Todas las religiones reconocen la importancia del amor y del perdón, y poseen el potencial para crear y fomentar las buenas cualidades humanas.

Con el paso de los siglos, millones de personas se han beneficiado inmensamente de las distintas religiones. Es una lástima que las identidades religiosas provoquen peleas, confusión y desunión. Si estudiamos las religiones y observamos su potencial para crear buenos seres humanos, vemos que hay razón suficiente para desarrollar un respeto genuino por todas ellas.

Hay dos categorías de religiones. Hay un grupo al que denomino religiones teístas, como el cristianismo, el islam, el judaísmo y el hinduismo. Estas religiones defienden una creencia fundamental en Dios. Hay otro grupo de religiones, que no tienen dios, como el budismo, jainismo y la filosofía Shankya (un antiguo y sofisticado componente del hinduismo), que no creen en un dios, en un creador o en un todopoderoso. En último término el creador es uno mismo. Un grupo, principalmente los budistas, no acepta la teoría de un espíritu permanente. Esto diferencia el budismo de las demás. La teoría budista fundamental es que no existe un espíritu o identidad permanente. Dentro del budismo se distinguen dos grupos según su motivación: el Hinayana y el Mahayana. La motivación del primero es el anhelo de alcanzar la propia *moksha* o salvación mediante la práctica de la conducta moral y de la convergencia de la mente y la sabiduría. La motivación del segundo es no pensar sólo en uno mismo, sino interesarse por todos los seres y seguir las prácticas de las seis o las diez *paramitas* (perfecciones), para en último término alcanzar la budeidad. Esto es Bodhisattvayana.

Si nos basamos en los principios filosóficos hay cuatro escuelas de pensamiento diferentes: Vaibhashika, Sautrantika, Cittamatra y Madhyamika. La esencia de la conducta budista según estas escuelas es *ahimsa* o la no violencia. ¿Por qué es tan importante la no violencia? Por la ley de la interdependencia: todas las cosas están interrelacionadas. Por ejemplo, la supervivencia depende de muchos factores, así como nuestra felicidad. De igual modo, el dolor y la tragedia dependen de muchos factores. Al igual que nos preocupamos por nuestra felicidad y experiencias, también debemos preocuparnos por sus causas.

De modo que la esencia de la conducta y de la filosofía budista es la no violencia y la teoría de la interdependencia, respectivamente. La no violencia tiene dos directrices: si puedes, ayuda y sirve a los otros seres; si no puedes, al menos no les perjudiques.

La teoría de la interdependencia es interpretada de modos distintos según los principios. De acuerdo con uno de ellos, el significado de interdependencia es que todos los fenómenos condicionados dependen de causas. Esto implica que no hay creador; las cosas dependen sólo de sus propias causas y esas causas poseen a su vez sus causas, que no tienen principio. Todo cambia debido a estas causas y condiciones. Las nuevas circunstancias producen nuevos acontecimientos; éstos a su vez, actúan como causas y producen algo diferente y nuevo. Éste es el proceso del origen dependiente: *pratityasamutpada*.

El concepto de interdependencia es aceptado por todas las escuelas de principios budistas. La teoría de la interdependencia expuesta por la filosofía Madhyamika contempla un nivel un poco más elevado donde la interdependencia implica que todo depende de sus partes. Por ejemplo, si hay un objeto físico, tiene diferentes partes en el sentido de que tienen varias direcciones. Si carece de forma, como la conciencia, el significado de tener partes se puede entender en términos de distintos niveles de continuidad o como un flujo. Del mismo modo, se puede considerar que el espacio tiene un origen interdependiente, porque podemos referirnos a él como que tiene partes y podemos pensar en un espacio en particular que haga referencia a objetos y direcciones específicas.

El origen interdependiente es expuesto no sólo en términos de dependencia en las causas y condiciones, sino también en términos de dependencia en partes y direcciones.

Hay un plano más sutil de interdependencia que se describe como el "origen de las cosas mediante designación o atribución". Por ejemplo, cuando investigamos lo que es una flor en realidad, y examinamos detenidamente sus partículas, la flor deja de ser la flor que conocíamos. Al observar todavía más de cerca las diminutas partículas comprenderemos mejor que cuando etiquetamos algo, damos esa designación debido a la convergencia de ciertas partículas y sustancias. Estas partículas se unen para cumplir una función como una entidad y les damos un nombre específico. Si indagamos en "¿Quién soy yo?", no podemos encontrar un "yo" separado de este cuerpo, cerebro o experiencia. Si profundizamos en nuestra naturaleza fundamental, no podemos hallar una identidad independiente y última. Convencionalmente etiquetamos la combinación de un cuerpo y una mente como "ser humano". A esta carne y mente tibetana de Amdo, la llamamos "Dalai Lama, Tenzin Gyatso". Sin embargo, tras muchos análisis, si realmente queremos encontrar al Dalai Lama, no podemos hallarle.

Del mismo modo, continuamente utilizamos términos como "pasado", "presente" y "futuro". De algún modo el pasado es un mero recuerdo, el futuro no es más que nuestro pensamiento, un plan o una idea. El presente es real. Si pensamos en el presente eón, el siglo actual, luego en el año en curso, 1992, el día de hoy, 15 de febrero, es la tercera semana. Después del día, pensamos en la hora, el minuto, el segundo, en una parte de ese segundo, y deja de ser el "presente". Sólo este momento. El pasado se ha desvanecido. Después de esto, todavía ha de llegar el futuro. No hay "presente". Sin presente no podemos identificar un "pasado" y un "futuro". El tiempo sigue sin detenerse, simplemente avanza. Esto acaba por confundirnos.

Esto en lo que respecta al tiempo externo. En nuestra experiencia interior, también pienso que no hay pasado ni futuro, sólo presente. Pero si no hay pasado ni futuro, tampoco puede haber presente, puesto que éste depende por completo del pasado, y el futuro depende por completo del presente. Ésta es una ley natural. De lo contrario no existe el tiempo. Cuando hablamos del "tiempo", por supuesto que existe, pero no sin una base de atribución o referencia sobre la que podamos etiquetarlo; no podemos tener un sentido abstracto del tiempo. Si investigamos, en realidad no hallamos nada. Al final encontramos algo que está "vacío".

Sin embargo, esta vacuidad no es mera nada. Puesto que todas las cosas son interdependientes, las identidades o entidades independientes no existen. Cuando investigamos la naturaleza fundamental de las cosas, descubrimos que no existe la existencia independiente. Esto es lo que queremos decir con "vacío". Ahora bien, la ausencia de existencia independiente por sí misma depende de otros factores.

Estoy aquí y esto no es un sueño. No es una ilusión. Es real. Si me pellizco siento dolor porque poseo un cuerpo. Tengo un dedo índice y un pulgar, y se mueven. Así que hay algo al fin y al cabo, y sin embargo, no podemos encontrarlo en el análisis final. Es decir, la vacuidad y la naturaleza interdependiente son las dos caras de una misma moneda.

El Buddha enseñó en primer lugar las Cuatro Nobles Verdades: la verdadera insatisfacción, el verdadero origen de la insatisfacción, el verdadero cese de la misma y el verdadero camino para conseguirlo. Las enseñó porque la insatisfacción tiene sus causas y condiciones y nosotros no queremos sufrir. Habló del origen de la insatisfacción. El Buddha nos enseñó a identificarla, así como a identificar sus causas en los distintos niveles.

Nuestra meta es la felicidad, que una vez más depende de sus propias causas. La felicidad puede ser temporal o permanente. La felicidad permanente es más importante, esa es la razón por la que el Buddha enseñó la Tercera Noble Verdad, la del verdadero cese: el fin de la insatisfacción es el logro del *nirvana* o el estado de felicidad beatífica. También habló de los medios por los cuales podemos realizar el estado de cese del sufrimiento. Ése es el verdadero camino.

La Cuarta Noble Verdad consiste en una explicación de la felicidad, de la insatisfacción y de sus causas. El propósito de la vida es la felicidad. Desde nuestro nacimiento tenemos derecho a ser felices y la felicidad duradera se ha de desarrollar en nuestro interior; nadie nos la puede proporcionar y no hay ningún factor externo que sea responsable de la misma. Se ha de conseguir mediante nuestro desarrollo interior. ¿Cómo integramos las Cuatro Nobles Verdades en nuestra práctica diaria? En primer lugar es importante saber lo que es la mente. A veces la gente cree que la mente es una entidad independiente, separada del cuerpo. Una mente así no existe. No podemos hallar un "yo" independiente fuera de nuestro cuerpo. Los budistas no aceptamos un "yo" independiente, un espíritu o identidad permanente. Sin embargo, puesto que la mente depende de su cuerpo, nos referimos a ella con bastante acierto como la mente humana. Si la mente fuera independiente y no tuviera relación alguna con el cuerpo, no habría diferencia entre la mente humana y la animal.

Tan pronto como el cerebro humano deja de funcionar, la mente humana deja de existir. Si es así, entonces ¿qué es la teoría del renacimiento? La mente se desarrolla sobre la base de unas causas y condiciones inmediatas y distantes, directas e indirectas.

Por ejemplo, la mente que percibe una flor depende de muchas condiciones. Una son los ojos. Sin estos órganos, aunque tengamos conciencia de lo que es una flor, o de la flor que tenemos delante, no podremos percibirla. Por otra parte, la mente y el ojo por sí solos, sin la flor no pueden desarrollar la conciencia de la misma. Y si hubiera una flor y un ojo perfecto, pero sin cerebro, tampoco seríamos conscientes de la flor.

La conciencia o la mente no es más que energía sutil sobre la cual todo se puede proyectar. Su naturaleza es luminosa. La palabra tibetana *shepa* significa "ser consciente de algo". De modo que además del cerebro humano, existen condiciones, sin las cuales la mente no se puede desarrollar. Nosotros lo denominamos la luz clara, la mente interna más sutil.

Un indicativo es que en este momento, mientras utilizamos plenamente nuestros órganos de los sentidos, el plano en el que se encuentran es muy burdo. Pero cuando soñamos, ciertos órganos no están activos o sus funciones se ven reducidas y el estado mental es más profundo. En el estado de sueño profundo sin sueños, nuestra mente alcanza su plano más sutil.

Otro indicativo es cuando los médicos han certificado la defunción de una persona y observamos que su cuerpo permanece incorrupto durante algunos días, y en algunos casos, durante semanas. Eso se debe a que la mente más sutil todavía habita en ese cuerpo y continúa funcionando. Por lo tanto en cierto sentido, ese ser todavía no ha abandonado su cuerpo. El propietario de dicho cuerpo o el poder que lo controla todavía está presente, y ésa es la razón por la que el cuerpo no se pudre. Pero médicamente o en el sentido convencional, ese cuerpo se considera muerto.

Que yo sepa, en la India se han dado al menos diez o quince de estos casos en los últimos treinta años. Después de que mi tutor principal fuera declarado clínicamente muerto, permaneció en su ataúd en el estado de luz clara durante unos trece días. Debido a esto creemos que puede existir un recuerdo profundo de vidas anteriores. Bajo ciertas condiciones podemos reflexionar sobre experiencias pasadas basándonos en la luz clara. Algunos practicantes alcanzan estados muy profundos en sus meditaciones y la conciencia burda o el plano mental menos sutil queda desactivado. Entonces recuerdan vidas pasadas de un siglo atrás, o en algunos casos hechos que sucedieron hace varios siglos quedan reflejados en su mente.

Nuestra explicación es que nuestra mente más sutil está siempre presente. Aunque cambie momentáneamente, su continuidad es permanente. De modo que existen dos planos mentales: el burdo que depende de este cuerpo por completo y el más sutil que es eterno. Ésta es nuestra explicación de por qué se produce el renacimiento.

La naturaleza básica de la mente es neutral. Puede estar bajo la influencia tanto de emociones negativas como positivas. Tomemos como ejemplo las personas que tienen mal carácter. Cuando yo era joven era así. Sin embargo, mis enfados nunca duraban más de veinticuatro horas. Si las emociones negativas formaran parte de la naturaleza de nuestra mente, entonces siempre que ésta estuviera en funcionamiento la ira estaría presente. Pero ése no era el caso. Del mismo modo, las emociones positivas tampoco forman parte de la naturaleza de la mente. La mente es neutral, refleja todo tipo de experiencias o fenómenos distintos.

Además, ¿dónde termina la experiencia negativa y empieza la positiva? No existe una frontera concreta, sólo es relativa. Las emociones como la compasión, el amor y la sabiduría, que producen una felicidad más sutil, permanente y satisfactoria, son positivas. Ésa es la razón por la que consideramos que la felicidad es algo bueno que debemos alcanzar. Todo lo que pueda ayudarnos en esa dirección lo consideramos positivo. Estas emociones positivas, al final, nos transforman en personas más felices, más dignas de confianza. Es así porque son buenas, aunque no podamos identificarlas como tales en un sentido absoluto. Todo el mundo puede apreciarlas en el sentido convencional de la palabra y por consiguiente son positivas.

Aunque las emociones positivas y negativas sean igualmente poderosas, las emociones negativas suelen acontecer sin demasiada razón y en realidad son sólo una emoción. Si examinamos objetivamente el valor de la ira, del odio, de los celos, de la duda, de la sospecha o del miedo, nos damos cuenta de que no existe un fundamento profundo para tales emociones. Por otra parte, el amor, la compasión y el perdón tienen bases o razones más profundas. Desde la perspectiva budista, especialmente según la visión de la filosofía Madhyamika, estas emociones negativas en último término se fundan en la ignorancia.

Aquí la ignorancia se refiere a una conciencia que percibe la naturaleza de los objetos como una existencia independiente. Es evidente que cuando desarrollamos ciertas emociones negativas, de momento, el objeto que percibimos como negativo nos parece absoluto, algo cien por cien negativo. Mientras exista esa emoción, el objeto es completamente negativo. En cuanto esa emoción va disminuyendo, la impresión general también se vuelve más positiva. Esto nos muestra cómo las emociones negativas no pueden existir sin la ayuda de la ignorancia.

Todas las emociones negativas se basan en esa ignorancia. La ignorancia o concepto erróneo se puede eliminar por muy grande que sea. Mediante la indagación y la meditación podemos desarrollar un entendimiento más profundo. Gracias a ello la negatividad se irá reduciendo hasta quedar completamente erradicada. Ésta es la naturaleza de la mente.

Todos poseemos un anhelo innato de felicidad. La felicidad y la insatisfacción dependen de las emociones positivas y negativas. La naturaleza fundamental de la mente es pura, de modo que existe la posibilidad de reducir las emociones negativas y aumentar las positivas. Por ende, es posible superar el sufrimiento. El Buddha explicó esto en la Segunda Noble Verdad. Explicó el *karma* y las emociones negativas, el verdadero origen del sufrimiento al que hace referencia como mente contaminada o *karma* contaminado. Para comprender realmente lo que significa la Segunda Noble Verdad, debemos indagar en el significado del verdadero cese, la Tercera Noble Verdad.

El Buddha en su primer sermón explica las Cuatro Nobles Verdades; en el segundo sermón elabora la Tercera Noble Verdad. En el tercero, da una explicación más profunda sobre la naturaleza de la mente, relacionada con la Cuarta Noble Verdad. En ella encontramos tanto la posibilidad de mitigar las emociones negativas como la de alcanzar la felicidad permanente. Es decir, el *nirvana*.

Una vez has comprendido la meta, puedes eliminar las emociones negativas. Eso se consigue mediante la práctica y la educación de la mente. Para desarrollar un genuino esfuerzo incansable necesitamos determinación. Para ello es de suma importancia conocer el sentido de la insatisfacción. Si hay una posibilidad, así como una meta para superar el sufrimiento, vale la pena reflexionar sobre ella y tratar de comprenderla. Cuanta más cuenta nos damos, mayor es nuestra determinación de superar el sufrimiento.

Ésta es la razón por la que se explica la importancia de la renuncia. Hay dos niveles en el espíritu de renunciación: el espíritu de renunciación de los placeres de esta vida y el espíritu de renunciación de los placeres de la siguiente. Por ejemplo, cuando pensamos en los sufrimientos de los seis reinos samsáricos –el sufrimiento de los seres humanos, de los animales, etc.– y en los de la vejez, la enfermedad, la muerte, etc.; podremos generar un espíritu de renuncia o el deseo de liberarnos del ciclo de la existencia o *samsara*.

Para generar un fuerte sentido de renuncia a los placeres o apegos de la próxima vida, en primer lugar es importante comprender el dolor de los renacimientos inferiores. También hay otra razón práctica: la meta más elevada es la budeidad, la cual podemos alcanzar a través de la meditación y de otras prácticas. Podemos tardar eones, un millar de años o un siglo. De modo que para seguir practicando sin interrupción hemos de tener garantizado un buen nacimiento en la próxima vida. Aunque nuestra finalidad sea la budeidad, por razones prácticas, mientras nos preparamos para ello, no debemos descuidar nuestras vidas futuras. Pero mientras planificamos la budeidad a largo plazo, también nos hemos de preparar para los requisitos previos inmediatos.

Una vez creas el espíritu de renunciación a los placeres y apegos de la vida, de forma natural empiezas a pensar en los placeres futuros o generas algún tipo de apego respecto a la próxima vida. El apego también se ha de frenar paulatinamente mediante la práctica de las diez acciones virtuosas y la erradicación de las diez acciones no virtuosas. Éstas se encuentran en la primera sección de las enseñanzas Lam-rim, que son las que principalmente se enseñan a las personas de un nivel de inteligencia por debajo de la media.

Para desarrollar autoconfianza, es útil meditar en lo valioso que es el nacimiento humano. Con la ayuda de un cuerpo y una inteligencia humana podemos conseguir cualquier cosa si realizamos el esfuerzo. En el Bodhisattvayana contamos con enseñanzas sobre la naturaleza búdica, la semilla búdica o *sugata-*

garbha o *tathagatagarbha*. Ese estado de iluminación, la naturaleza primordial de todo ser vivo, prueba que siempre existe el potencial de eliminar las emociones negativas.

Esta línea de pensamiento ayuda a desarrollar la autoconfianza. Muchas personas, especialmente en Occidente, tienen una baja autoestima. Creo que es muy peligroso y realmente absurdo. Tenemos un cuerpo, el cerebro y sabiduría. Si lo intentamos mediante la meditación y el altruismo, podremos desarrollar nuestra mente. Con el tiempo y el esfuerzo podrá cambiar. Mediante el recordatorio constante de lo positivo y lo negativo, las cosas cambian. La autoconfianza es un elemento muy importante, ya sea en nuestras prácticas religiosas o en nuestra vida mundana.

La compasión es un factor esencial. Una mente más compasiva abre automáticamente algún tipo de puerta interior. Entonces resulta muy fácil comunicarse con los demás seres humanos, con los animales y con los insectos. Cuando nuestra actitud es abierta y no tenemos nada que ocultar, inmediatamente sentamos una base para la amistad. Sin embargo, una emoción negativa como el miedo, cierra esa puerta. A menos que puedas crear esa clase de pilar por ti mismo, te será muy difícil tener verdaderos amigos. Tanto si los demás responden como si no, si sonríes sin malicia ni duda, tienes más probabilidades de obtener una sonrisa a cambio.

La emociones negativas niegan esta posibilidad. Entonces, uno se aísla deliberadamente del resto de la humanidad, y a raíz de ello, surgen el resentimiento, la soledad, el miedo, la duda, la desesperanza y la depresión. Por otra parte, la compasión nos proporciona fortaleza interior. Nos abre nuestra "puerta interna" y nos aporta experiencias mejores.

El concepto de la naturaleza búdica, el concepto de lo valiosa que es esta vida y este cuerpo son muy importantes para desarrollar la autoconfianza. También tenemos la enseñanza de la impermanencia, que es muy pertinente.

Quiero mencionar que muchas veces las personas creen que los sentimientos egoístas son negativos, que no deberíamos tener ego.

Creo que hay dos tipos de ego, al igual que dos clases de deseo. De los dos tipos de sentido del "yo", el del "yo fuerte", que olvida los derechos de los demás y en el que uno se considera más importante que los otros, es negativo. La otra clase de ego, el que te hace sentir "yo puedo hacer esto, puedo ayudar, puedo servir", es positivo. Los *bodhisattvas*, a mi entender, tienen unos egos extraordinariamente fuertes en ese sentido.

Este tipo de ego desarrolla una gran determinación en las personas que lo poseen. Para ellas, los días, los meses, los años, no significan nada. Cuentan por eones, no uno o dos eones, sino millones, innumerables eones. Esa cantidad de tiempo inconcebible no les desalienta, ni tampoco les desanima el número ilimitado de seres vivos. Su determinación es hacer algo para un número infinito de seres, durante un período de tiempo infinito. Una determinación tan inquebrantable es imposible sin un ego sólido. Ese ego es positivo. Es necesario, útil y constructivo. Hemos de desarrollarlo.

El otro ego que no tiene en cuenta los derechos de los demás y que quiere conseguir algo explotándoles es absurdo. Con ese tipo de ego, al final perdemos y sufrimos.

Igualmente, hay dos tipos de deseo. Uno es el deseo con un propósito bueno. Este deseo conduce a la determinación. Según los budistas, al final llegamos a la budeidad debido a este deseo. El otro deseo no tiene razón de ser, es un mero "quiero esto o aquello". Este tipo de deseo sin un fundamento adecuado suele tener resultados desastrosos. Algunas personas creen que puesto que las enseñanzas identifican el deseo como la fuente de toda insatisfacción, todo deseo es negativo. Esto es un error.

La práctica siguiente es la de la impermanencia. Una vez más, hay dos niveles. Una impermanencia en un plano burdo, como la muerte u otras desgracias, cuando cambian o terminan ciertas experiencias. La impermanencia más sutil es la del cambio momentáneo. La física moderna también ha explicado esto. Por ejemplo, esta flor que tengo delante está cambiando en un plano muy sutil, cambia continuamente como si fuera una ola, como la energía. Ésta es la impermanencia sutil.

La realización de la impermanencia es muy útil e importante porque descubres que simplemente sucede por sus propias causas. Por consiguiente, la desintegración o la naturaleza impermanente de los fenómenos no depende de la necesidad de hallar nuevas causas y condiciones. Debido a su naturaleza de ser producidos por sus causas y condiciones están sujetos a la desintegración y el cambio.

Veamos el caso de nuestro cuerpo y de nuestra vida. Desde la perspectiva budista, no hay posibilidad de conseguir una felicidad permanente, mientras todo esté controlado, influido o regido por la ignorancia. Una vez se ha erradicado la ignorancia, se alcanza el *nirvana*. Pero mientras esa misma mente esté bajo la influencia de la ignorancia y dure esa situación, eso es el *samsara*. En cuanto se ha eliminado la ignorancia, el sufrimiento cesa. Eso es *moksha* o liberación. *Moksha* o la salvación no es un estado de beatitud o algo externo. Es una cualidad interna. De ahí que ser consciente del nivel más profundo de la impermanencia supone una gran ayuda para desarrollar el deseo o la determinación de alcanzar la liberación. De este modo cuando pensamos en los distintos niveles de la naturaleza de la impermanencia, entramos en el segundo ámbito o estado de la práctica de la meditación de la senda de la Iluminación. Al reflexionar sobre el sentido del plano más burdo de la impermanencia, generamos la fuerte aspiración de conseguir algo mejor en la siguiente vida. Cuando pensamos en la naturaleza del plano sutil de la impermanencia, generamos una fuerte aspiración de alcanzar el *nirvana*.

Al igual que nos preocupamos por nosotros mismos y pensamos en formas de eliminar el sufrimiento y en cómo realizar el *nirvana,* la liberación y el estado de felicidad última, si dirigimos nuestros pensamientos hacia los demás y nos preocupamos por el bienestar de todos los seres vivos y reflexionamos sobre cómo evitar su sufrimiento, generamos altruismo o el deseo de realizar la Iluminación en beneficio suyo. Esa motivación es la *Bodhicitta*, la determinación que necesitamos si queremos llegar a la budeidad.

Es maravilloso que la mente humana pueda generar esta clase de determinación o firme voluntad. Una vez hemos desarrollado esa valiosa mente de *Bodhicitta*, independientemente del contexto religioso, nos volvemos muy valientes, tenemos un corazón bondadoso y somos útiles a la sociedad. Según la práctica de la religión budista, la *Bodhicitta* es una cualidad tan maravillosa que al generarla todas las negatividades se purifican y todas las cualidades positivas cobran vida. Cuando generas esa valiosísima mente, ésta también te garantiza un buen nacimiento o un buen camino en el futuro. En otras palabras, te prepara para el viaje en la senda de la Iluminación.

Tras ese tipo de determinación viene la práctica de las diez *paramitas* o perfecciones, como la práctica de la generosidad, la moralidad, la paciencia, el esfuerzo, la concentración y la sabiduría. De las diez *paramitas*, las mencionadas son las seis perfecciones principales.

Ésta es la vía de la práctica del *bodhisattva* en el Mahayana. Además de eso, tenemos la práctica del Tantrayana. Si complementas esta práctica del Mayahana con la del Tantrayana, entonces en los Tantras tenemos el Kriya Tantrayana, Carya Tantrayana, Yoga Tantrayana y Maha-Anuttara Yoga Tantrayana.

En la enseñanza tántrica, es muy importante visualizarse como una deidad –no una mera visualización– se ha de meditar en *shunyata* o la vacuidad; entonces esa sabiduría en el plano de nuestra imaginación se transforma en la forma de la deidad, la forma del Buddha. Además, con esa forma o cuerpo del Buddha como sujeto, uno reflexiona en su naturaleza, vacuidad o talidad. Mediante esta práctica se llega a la raíz de la práctica tántrica. Reflexionas sobre la naturaleza de la deidad y al mismo tiempo en su naturaleza primordial. Basándose en la *Bodhicitta*, la determinación se combina con una sabiduría muy poderosa. A raíz de ello, en algunas ocasiones las acciones furiosas también pueden ser muy útiles. Ésa es la razón de la existencia de las deidades terribles, es necesario distinguir entre la ira y el odio, y el amor o la compasión y el apego. Esto es importante. Ésa es la práctica tántrica en términos generales.

En el Maha-Anuttara Yoga Tantrayana, una práctica única es la que diferencia los planos mentales burdo, sutil y los más sutiles de la mente. Existen técnicas para neutralizar el plano burdo, tras el cual se activa el plano más sutil. Entonces, esa mente sutil se transforma en sabiduría, que es más poderosa que esas sabidurías que se encuentran en la categoría de los planos burdos. Éste es el sistema Maha-Anuttara Yoga Tantrayana. En el budismo tibetano combinamos las enseñanzas básicas de las Cuatro Nobles Verdades con la *Bodhicitta* y las seis *paramitas* con el yoga de la deidad y otras prácticas yóguicas. Primero pones la base y luego construyes para llegar a la cima de la práctica. Es importante saber que sin la práctica del Tantrayana o de la *Bodhicitta*, sólo con las Cuatro Nobles Verdades puedes alcanzar la liberación. Por otra parte, sin una práctica basada en estas últimas, la mera enseñanza de las diez *paramitas* o del Tantrayana no es posible.

Sin el Tantrayana, sólo con el Sutrayana, podemos practicar y conseguir un resultado satisfactorio. Pero si se practica sólo el Tantrayana sin el Sutrayana, es imposible alcanzar un resultado satisfactorio. Las enseñanzas son como la planta baja, el primer piso, el segundo, y así sucesivamente, de un edificio. Sin la planta baja es imposible construir el primer piso.

Es necesario comprender esto porque la gente a veces es impaciente y quiere la budeidad de inmediato, sin tener en cuenta las Cuatro Nobles Verdades o las seis *paramitas*. La práctica de la deidad, del *mandala* y del recitado por sí solas no funcionan. Hemos de ir paso a paso.

CONSTITUTION CLUB LAWNS, 1992.

III. COMPASIÓN Y NO VIOLENCIA

No tengo ni idea de cómo resolver la crisis global, de modo que es mejor que seamos prácticos. Hoy en día, además de los desastres naturales, tenemos varios problemas creados por el ser humano, como es el caso de la guerra de Bosnia. En las noticias de la televisión y de la prensa, vemos todo lo que sufren esas personas inocentes. En otras partes del mundo también hay muchas matanzas, asesinatos e incluso casos de niños que matan a otros niños. A veces las personas me preguntan: «¿Qué consejo o sugerencia podrías darnos?». Generalmente les respondo que no tengo ni la menor idea. Creo que estos problemas son el resultado de una larga negligencia. Estos acontecimientos no han sucedido de repente. Tienen sus causas y condiciones. Una causa y condición crean otra causa, otra condición y así sucesivamente, hasta que se nos escapa de las manos. La mayoría de estos hechos son el resultado de las emociones humanas descontroladas. Cuando tienen lugar estas calamidades, es muy difícil hacerles frente. La emoción humana se ha de combinar con la inteligencia apropiada, que significa inteligencia unida al afecto. No podemos estar seguros de si la inteligencia es destructiva o positiva y constructiva por sí sola. La inteligencia con el afecto puede producir resultados maravillosos. La inteligencia suele dejar de funcionar cuando las emociones están fuera de control. En la actualidad muchas situaciones han llegado a ese límite. Si preguntamos a ciertas personas, incluso a líderes políticos, «¿Qué conseguís matándoos los unos a los otros?», es probable que no tengan una idea clara. Con la muerte, simplemente dan rienda suelta a sus emociones negativas y ciegas, e infligen un gran sufrimiento a otras personas. Entonces, ¿qué aprendemos de estos acontecimientos?

Si queremos que la humanidad sea más feliz en el futuro, que haya un mundo mejor, hemos de atajar la raíz del problema. No cabe duda de que la economía y el poder político también son algunas de las causas. Pero la causa final reside en la mente humana. Toda acción verbal o física, incluso las acciones menores, tienen alguna motivación. En último término todo depende de nuestra motivación. La motivación o el desarrollo adecuados son factores importantes.

De ahí que si la inteligencia va acompañada del afecto y de la compasión (lo que yo denomino sentimiento humano), se vuelve muy útil. El moderno sistema educacional presta mucha atención al conocimiento y al cerebro y no concede suficiente atención al desarrollo espiritual. La gente deja esa tarea a las organizaciones religiosas y otras similares. No creo que baste con eso. Aunque todas las religiones del mundo tengan el potencial de contribuir enormemente al desarrollo de un buen corazón, eso no basta. Además, muchas personas creen que la religión es algo que está pasado de moda y desfasado, e incluso las personas religiosas son a veces demasiado ortodoxas. Están un poco aisladas del mundo real y de los problemas cotidianos. Algunas veces, muchas tradiciones religiosas, incluyendo la tibetana, hacen demasiado hincapié en los rituales o las ceremonias sin tener un entendimiento correcto respecto a las mismas. Por lo tanto, la contribución y la influencia religiosa también es limitada. No es suficiente con dejar que sean las comunidades religiosas las que se hagan cargo de los temas morales. Los problemas suelen ser demasiado grandes y el grupo de personas que se ha de hacer cargo de ellos demasiado reducido o débil.

Pongamos el caso de Estados Unidos o de otros países. Podemos ver claramente que se están enfrentando a algún tipo de crisis moral. Bien están aumentando sus fuerzas policiales o están buscando alguna otra solución técnica a sus problemas. A menos que tenga lugar algún cambio positivo dentro del corazón de cada individuo o que se produzca alguna transformación en ese lugar, será muy difícil controlar las fuerzas externas. Por consiguiente, cada uno de nosotros, como parte de la comunidad humana, tiene la responsabilidad de hacer algo por la humanidad porque si su futuro es bueno, brillante y pacífico, nosotros recibiremos todo el beneficio. Si la humanidad degenera moralmente e impera la corrupción, la explotación, la intimidación y la estafa, la sociedad sufrirá a raíz de ello.

Aunque existan leyes y reglamentos en todos los países, las personas deshonestas siempre encuentran el modo de burlarlas. Si los valores morales y las reglas de conducta de la sociedad se vuelven negativos, todos sufriremos las consecuencias. Por eso las intenciones de una persona están muy relacionadas con los intereses de la sociedad. Existe una correlación definida.

No hemos de pensar que el problema es enorme y el individuo demasiado pequeño. Pensar: «Mis esfuerzos nunca tendrán un efecto sobre ese inmenso problema», no es lo más adecuado. El problema puede ser grande, pero si todas las personas toman la iniciativa, entonces existe una posibilidad real. Si todas las personas permanecen aisladas, neutrales e indiferentes, y esperan grandes cambios de los demás, del cielo o de la meditación, no llegaremos a ninguna parte. Por supuesto, la oración tiene sus bendiciones, pero su efecto también es limitado. El esfuerzo principal ha de surgir de nosotros. El Buddha y Dios, sin duda, tienen algún tipo de influencia, pero básicamente, cada persona ha de realizar un esfuerzo con toda su confianza. Tanto si obtenemos resultados satisfactorios como si no, es lógico y vale la pena hacer un esfuerzo.

A pesar de tu esfuerzo constante, si no consigues el resultado deseado, no importa. Al menos tendrás la conciencia tranquila. Cuando tienen lugar acontecimientos desafortunados debido a nuestra negligencia, es mucho peor y lamentable. Por lo tanto cada uno de nosotros ha de realizar su potencial y hacer un esfuerzo.

He pasado la mayor parte de mi vida fuera de mi país, viviendo como un refugiado. Muchos tibetanos confían en mí, tienen grandes expectativas y mi labor o responsabilidad es muy grande. Han habido muchas dificultades. Durante este período, a pesar de los múltiples problemas, cuando comparo mis experiencias con las de otras personas, me parece que soy bastante afortunado.

Por supuesto, cuando hay malas noticias o sucede algo trágico, siento ansiedad, tristeza y frustración, pero esos sentimientos no me duran mucho. A pesar de las circunstancias, mi mente permanece relativamente estable y tranquila. Esto me ha ayudado mucho y ha facilitado que mi sabiduría e inteligencia funcionaran con normalidad sin demasiados trastornos, y por eso duermo bien, sin problemas. Dado que mi mente permanece relativamente tranquila, mi digestión y mi salud están bien. Gracias a ello obtengo muchos beneficios. Muchos tibetanos que han estado sometidos a intensas torturas, diversas dificultades y han perdido a sus familias han podido mantener la estabilidad y la calma mental. En los últimos cuatro años, hemos tenido encuentros esporádicos con científicos, psicólogos, neurobiólogos y médicos. Cuando hablamos de los problemas mentales e intentamos comprenderlos y explicarlos, algunos científicos quedan realmente sorprendidos. Hay tibetanos que han sufrido mucho, pero su estado mental ha permanecido considerablemente tranquilo y estable.

¿Qué es esta fortaleza que nos permite mantener la calma ante las dificultades? No es el resultado de factores externos, como medicinas, inyecciones, drogas o alcohol. Ni tampoco una bendición externa. La fortaleza interior surge de un buen adiestramiento de la mente.

Tanto si eres creyente como si no, el entrenamiento mental puede modelar nuestra actitud. Gracias a ello, las personas pueden estar más tranquilas y tener más paz, son capaces de enfrentarse mejor a los asuntos más difíciles y urgentes. Las experiencias pasadas y las conversaciones con otras personas expertas, también contribuyen a la resolución pacífica de los problemas. No cabe duda, entonces, de que los problemas en la familia, la comunidad e incluso en el ámbito internacional se puedan mitigar, si es que son de procedencia humana.

El sistema educativo y la vida familiar son dos áreas muy importantes. En el campo de la educación, no sólo nos hemos de ocupar del cerebro, sino también del desarrollo espiritual. Digo "desarrollo espiritual" no en un sentido religioso, sino simplemente en el de tener un corazón bueno y compasivo. Si una persona tiene un corazón bueno y compasivo, automáticamente éste le aporta fortaleza y no hay tanta cabida para el miedo y la duda. Por consiguiente, uno es más feliz y tiene una mentalidad más abierta y tendrá más amistades. Cuando consideramos la educación desde el punto de vista del profesor, es bastante evidente que los profesores han de grabar en la mente de los alumnos el valor y el efecto que tiene el afecto en su conducta y acciones.

Por otra parte, es importante limitar el tamaño de la familia mediante las medidas de control de la natalidad. Es esencial tener menos hijos; sólo aquellos que podamos cuidar dignamente. Además de la educación, a los hijos se les ha de inculcar el valor de la vida humana y el del afecto.

Los medios de comunicación son otra área importante. En los tiempos modernos, suelen hablar de los problemas, lo que, en general, es muy útil. Especialmente en los países democráticos, la libertad de prensa es muy beneficiosa. Ésta permite que salgan a la luz los escándalos y que se sepa el grado de corrupción. Sin embargo, es importante que los medios equilibren las noticias, que informen de lo negativo y de lo positivo. Con demasiada frecuencia los periódicos se centran en las cosas negativas –asesinatos, violaciones, robos, etc.– y no mencionan suficientes noticias positivas. Apenas se habla de todos los niños y enfermos que se benefician de la bondad y el afecto humano. Una sobredosis de negatividad conduce a que el público en general crea que la naturaleza humana es básicamente mala, y esa idea en último término lleva a una gran frustración. También se pierde la confianza en uno mismo. Esto no sólo es trágico, sino peligroso. Los medios de comunicación desempeñan un papel importante y las personas religiosas tienen una responsabilidad especial en este contexto. Visto desde todos los ángulos, y a través de varias profesiones, se ha de promover el valor de la compasión. Aunque no es fácil, es la única forma de avanzar hacia una humanidad mejor y un futuro más feliz.

Ahora explicaré algo sobre el método de la práctica budista. En primer lugar me gustaría hacer hincapié en la importancia de la armonía entre las distintas religiones. A pesar de las distintas filosofías, todas las principales religiones del mundo tienen un mensaje similar, un consejo parecido para la humanidad. Hay algunas personas extraordinarias que siguen diversas religiones y que han conseguido una transformación total de su estado interior. Son verdaderamente compasivas y sabias. Esto implica que todas estas distintas tradiciones tienen el potencial de producir esa transformación interior en la mente humana. De modo que tanto si nos gusta como si no, estas religiones principales seguirán existiendo. En el pasado muchas personas se han beneficiado de ellas y lo mismo sucederá en el presente y en el futuro. Por consiguiente, es de suma importancia que haya una genuina armonía entre las tradiciones religiosas. Eso es posible, puesto que existe una base común. Cuando sabemos más acerca de otras tradiciones, automáticamente crece nuestro respeto y aprecio por ellas. El genuino entendimiento mutuo conduce al respeto mutuo. En lo que respecta al budismo eso implica educar la mente.

El budismo enfatiza el adiestramiento y la transformación de la mente, porque todos los hechos son el resultado de nuestras acciones. Eso es lo que llamamos *karma*. Nuestro futuro depende de nuestras acciones de hoy. Ésta es la ley del *karma* o la ley de la causalidad. Entre las acciones verbales, mentales y físicas, la mental es la suprema. La motivación mental es el factor clave.

Las mismas acciones verbales o físicas a veces pueden ser positivas y a veces negativas, debido a las distintas motivaciones mentales. En algunos casos, con cierta motivación, las acciones que normalmente se consideran negativas, pueden convertirse en positivas. Por ende, la acción mental es superior, y el factor crítico y todos los acontecimientos dependen en último término de nuestra mente. La meta última es *moksha* o liberación. *Moksha* es un estado mental en el que todas las emociones aflictivas se han erradicado por completo. *Moksha* o *nirvana* es una cualidad mental.

Por último tenemos la budeidad. Una vez la mente y la conciencia se han desarrollado y despertado por completo sin obstáculos, se alcanza el estado búdico: lo que denominamos Iluminación. Eso también es una cualidad mental. Lo que se ha de transformar es la mente, el transformador también es la mente y el estado transformado es la mente. Algunas personas describen el budismo como una ciencia de la mente. Parece apropiado explicarlo de ese modo.

En el budismo hay muchas explicaciones sobre la naturaleza de la mente en el sentido convencional y en el supremo, y se hace una diferencia entre los distintos tipos de pensamiento mental. El Tantrayana hace una distinción muy precisa entre los diferentes planos mentales: burdo, más sutil y el más sutil. Puesto que el método para transformar la mente es de su misma naturaleza, la meditación se convierte en una parte importante de la práctica budista.

No puedes cambiar la mente sin la meditación. Hay dos clases de meditación: la analítica y la que se centra en un punto. El arma contra la negatividad es la meditación analítica. A través del análisis se puede desarrollar una nueva convicción o conciencia. A medida que aumenta esta conciencia, las fuerzas opuestas se reducen. La meditación analítica destruye la negatividad. *Vipassana* o introspección especial es una clase de meditación analítica. Para estabilizar esa meditación analítica, se precisa una enérgica meditación unidireccional. Nuestra mente suele estar tan dispersa que cuando queremos analizar algo utilizamos sólo una parte de su energía. Se gasta mucha energía. Mediante la meditación unidireccional *(shamatha)* canalizamos nuestra energía mental. La unificamos como si fuera energía hidroeléctrica. Cuando el agua es rociada no puede generar energía; cuando esa misma agua es canalizada, su energía o fuerza aumenta. Nuestra mente está dispersa, y sin embargo, por naturaleza, tiene la capacidad de albergar conocimiento. Pero puesto que está tan dispersa, su efecto es muy limitado. Por consiguiente es preciso canalizar la energía de la mente a través de la meditación *shamatha*.

La meditación analítica también es de dos tipos. Una es en forma de compasión o fe. La propia mente se transforma en la naturaleza de *karuna* o compasión. La otra meditación analítica se basa en la comprensión de la impermanencia y la vacuidad como objetos a realizar. Hay muchos tipos de meditación, pero éstos dos son aspectos importantes y típicos de la práctica del budismo.

Uno también necesita tener presente el aspecto de la motivación. En el Bodhisattvayana, el factor clave que motiva toda acción, incluso las acciones mundanas, es la motivación de alcanzar el camino que conduce a la budeidad. Para ello el factor clave es la *Bodhicitta*, la actitud del altruismo infinito. (Aquí el altruismo se refiere al deseo de alcanzar la budeidad por el bien de todos los seres vivos.) Con esta motivación, los distintos tipos de meditación, en realidad conducen a la budeidad.

No es posible sumergirse de pronto en una meditación profunda, que es muy difícil de alcanzar o de realizar. Tal como afirma Aryadeva en sus cuatrocientos versos, nuestra meta, la budeidad, significa la eliminación completa de todas las manchas negativas de la mente, incluyendo las improntas o predisposiciones denominadas velaciones de la budeidad. La práctica se ha de realizar paso a paso. Para eliminar estas improntas de las ilusiones, en primer lugar, hemos de hacer desaparecer todos los obstáculos mentales. El primer paso es una disciplina de conducta moral *(shila)*. Tanto si se es monje como laico, no hay diferencia en este aspecto cuyo primer principio es *shila*. Lo principal es eliminar las diez acciones no virtuosas. Las antivirtudes físicas: matar, robar, abusos sexuales; las agresiones verbales: mentir, habla divisiva, habla cruel y cotilleo banal; y las mentales: codicia, intenciones perjudiciales y visiones incorrectas.

Las visiones incorrectas tienen dos interpretaciones. Una es el nihilismo –no aceptar la existencia de nada– y la otra es el extremo de la exageración: aceptar las cosas como si tuvieran una existencia independiente. Para practicar la conducta moral y la autodisciplina, el factor clave es la atención plena en nuestra vida diaria. Cuando estamos a punto de hablar con alguien, hemos de revisar constantemente si estamos a punto de mentir. Y en nuestra vida cotidiana, hemos de examinar en todo momento nuestras acciones físicas, verbales y mentales.

A veces en una situación en particular, hemos de ser un poco mentirosos. Por ejemplo, si se trata de salvar la vida a muchas personas, es permisible decir una pequeña mentira. Salvo en tales casos, hemos de ser muy honrados y sinceros. A veces, somos demasiado educados y esto resulta sospechoso. El habla sincera, abierta y hermosa siempre conlleva alguna carga. Hemos de ser amables y evitar herir a los demás. En este contexto, el vegetarianismo es extraordinariamente bueno. Yo intenté hacerme vegetariano a principios de los sesenta, y fui vegetariano estricto durante unos dos años. Pero tuve algunos problemas de salud, que son la razón por la que ya no lo soy. Ahora hago alimentación vegetariana a días alternos, de modo que durante seis meses al año soy vegetariano. No hace mucho, cuando me dirigía desde Dharamsala al aeropuerto de Jammu, observé un montón de pollos encerrados en pequeñas jaulas. Era una visión terrible. Los que viven en las zonas costeras sobreviven comiendo pescado, miles de peces mueren todos los días. La satisfacción del estómago humano se cobra muchas vidas. Hemos de fomentar el vegetarianismo. Es de suma importancia. Realmente creo que se ha de reducir nuestra población humana. Hemos de salvar la vida de otras especies. Un número más reducido de habitantes implica gente más amigable y feliz, y dado que la causa de muchos problemas sociales es la pobreza, la economía mundial es un factor esencial. Los abusos sexuales son uno de los factores principales de la destrucción de la paz familiar, y en un ámbito más extenso, de la humanidad. La autodisciplina sexual es fundamental. Especialmente en nuestros días, cuando tenemos la terrible enfermedad del sida.

Si se practica la autodisciplina moral, la calidad de vida mejora y somos personas más felices que respetamos a los demás. Estas prácticas no sólo conducen a la felicidad suprema, sino que inmediatamente crean una atmósfera muy positiva en nuestra familia y comunidad, y las personas también son más felices. Si la contemplamos superficialmente, la vida de un monje o de una monja parece aburrida. La vida del laico en principio resulta más atractiva y con más color. Nuestras vidas pueden parecer más insulsas, pero a la larga creo que el estado mental de las monjas y de los monjes es más equilibrado.

Las personas indisciplinadas tienen vidas muy pintorescas, unas veces demasiado felices, y otras demasiado frustrantes (su vida es como un yo-yo). Esto no es bueno para el cuerpo. Un estado mental tranquilo y estable es más deseable. Al practicar el celibato, también estamos realizando una gran aportación al control de la natalidad no perjudicial. Esto es la conducta moral puesta en práctica a diario.

Nuestros verdaderos enemigos son las emociones humanas como el odio, los celos y el orgullo, éstos son los verdaderos destructores de nuestro futuro y felicidad. Es muy difícil luchar contra estos enemigos sin tener las armas adecuadas.

La autodisciplina, aunque no siempre sencilla cuando de combatir emociones negativas se trata, debería ser una medida defensiva. Al menos podremos prevenir que surja la conducta negativa dominada por la emoción negativa. Esto es *shila* o ética moral. Una vez la desarrollamos familiarizándonos con ella, junto con la atención vigilante y la concienciación, al final, ese patrón y forma de vida se convierte en una parte de nuestra existencia.

Shila es la base para encarrilar las emociones negativas. Cuando tu cuerpo es fuerte, tu mano es potente y firme y puedes usar el hacha con eficacia para cortar un árbol. *Shila* es como ese cuerpo fuerte y energético. Con una mano fuerte y firme, puedes dar repetidamente en la diana. El *samadhi* es como la mano y la sabiduría es el hacha con la que cortas el árbol.

¿Qué es entonces *Vipassana*? Hay muchas variedades de *Vipassana*: la meditación en la muerte, en la impermanencia y muchas otras meditaciones relacionadas. Según el Bodhisattvayana, la principal meditación *Vipassana* es la sabiduría que surge de la meditación analítica, la que realiza la naturaleza última de uno mismo, de los demás y de todos los fenómenos. Eso es *shunya*.

Para realizar *shunya*, en primer lugar hemos de estar atentos a las diferencias entre aspecto y realidad. Muchas veces hay contradicciones; las cosas parecen ser de una manera, mientras que la realidad es muy distinta. Cuando hablamos de *shunya* o naturaleza última, a la que denominamos vacuidad, nos referimos a la ausencia de existencia independiente. Sin embargo, para los órganos de los sentidos y para el cerebro, todo parece tener una existencia separada. Si las cosas son realmente como parecen, entonces deberían aclararse mediante la meditación analítica. Pero si indagamos en ellas, no podemos descubrirlas. Hay una diferencia entre aspecto y realidad. Para aclararla, la literatura budista habla de dos verdades: la convencional y la última.

La posibilidad de la existencia de una naturaleza última se aclara cuando estudiamos las Dos Verdades. La realización de la verdad última o naturaleza última de todos los fenómenos influye directamente en todas las emociones negativas, porque en general todas las emociones negativas se basan en la construcción mental de que las cosas tienen una existencia independiente. Esa concepción actúa como base de todas las emociones negativas. Ése es el segundo nivel, la implicación directa, que combate y controla a los enemigos internos, que son las emociones negativas.

Cuando vences estas emociones, alcanzas el estado de liberación (*moksha* o *nirvana*). Obtener la victoria en este acto ofensivo no significa que ya todo esté bajo control. Puede que todavía queden algunos francotiradores. De modo que para eliminar todas estas improntas negativas que actúan como francotiradores, que son las emociones negativas, necesitamos realizar mucho esfuerzo. En esta etapa, motivados por la *Bodhicitta*, nos implicamos en las seis o las diez *paramitas* (perfecciones) y además fomentamos la realización de *shunyata*. Ésta es la práctica del *bodhisattva*.

Ahora bien, es evidente que la práctica se ha de realizar paso a paso, necesitamos más paciencia. A veces la gente se entusiasma cuando explicamos la budeidad o *moksha*. Pero cuando la elaboramos a fin de alcanzar la meta, hemos de ir poco a poco y entonces pierden la paciencia. Eso no es positivo. Creo que en algunos casos, a los tibetanos nos falta seriedad. Conocemos muy bien el budismo, pero en términos de la práctica a veces somos perezosos. Algunos de nuestros nuevos budistas, sobre todo los occidentales, son extraordinariamente serios, incluso en ocasiones demasiado. Al cabo de unos años ¡pierden por completo el interés! La seriedad es buena, pero sólo si va acompañada de la paciencia. Sin paciencia suele ser un gran desastre.

Limpiar todas las huellas de las emociones negativas es bastante difícil. Aquí es donde entran los Tantras, especialmente las enseñanzas del Maha-Anuttara Yoga. Pero no es nada fácil, puesto que se requiere una cualidad especial.

Creyentes o no creyentes, ante todo todos somos seres humanos. Como tales poseemos una maravillosa capacidad para conocer las consecuencias positivas y negativas a corto y a largo plazo. Moralmente, tenemos la responsabilidad de cuidar no sólo a los otros seres humanos, sino a los animales, a todos los seres vivos, y también a nuestro entorno. Por consiguiente, hemos de intentar que nuestra vida sea noble y digna, y ser personas de buen corazón. Esto automáticamente aportará más felicidad a nuestra vida, a nuestras familias y comunidad. Automáticamente nos beneficia a nosotros mismos y a los demás.

Los que nos consideramos budistas hemos de practicar el *Dharma* con sinceridad y no nos hemos de contentar con el aspecto intelectual.

Hemos de ponerlo en práctica a diario realizando un constante esfuerzo, esto es muy importante y un factor principal.

Esperamos grandes cosas desde el principio, pretender que se produzca un gran cambio espiritual en un corto período de tiempo no es una buena señal. Hemos de contar por eones. Eso es lo que nos da la fuerza interior. Nuestras escrituras nos dicen que en tres años podemos alcanzar la budeidad. Yo creo que eso es impracticable. A veces las escrituras exageran un poco, pero aunque realmente tengamos fe, no creo que podamos lograr la budeidad en tres años, ni aunque seamos como Milarepa, que fue tan fuerte y tuvo tanta determinación, y cuyo corazón era indestructible. De entre todos nuestros grandes yoguis, santos y practicantes, no he oído hablar de ninguno que alcanzara la budeidad en tres años.

Así, que no basta con pensar en tres años. Hemos de planificar bien, no sólo para este año, esta vida, sino para las próximas, para siglos y eones. Cuando pienso en los eones, en grandes e incontables eones, eso me hace sentir verdaderamente tranquilo, me proporciona fortaleza interior.

¿Qué es la felicidad y qué es la vida? ¿Qué es la Iluminación?

Según mi propia experiencia, uno se siente satisfecho, tranquilo y feliz. ¡La felicidad es felicidad! Todos intentamos conseguirla.

Las plantas tienen vida, pero no estoy seguro de si pueden sentir. Por otra parte, nosotros experimentamos dolor y placer. Cuando hablamos de los seres vivos, nos referimos a seres que tienen vida, así como a estas experiencias dolorosas y placenteras.

La Iluminación, tal como he mencionado brevemente antes, es conocimiento total, no hay ignorancia ni obstáculos. Nuestra mente sutil, lo que denominamos luz clara, tiene todo el potencial para iluminarse y estar totalmente despierta. Pero ahora, debido a la ignorancia, hay muchos obstáculos para conseguir el despertar completo. Cuando todos los factores negativos desaparecen, el poder o la fuerza de la conciencia se desarrolla por completo y eso es lo que llamamos Iluminación.

¿Es posible cargar con el karma *de otro para liberarlo del mismo?*

En general, según la enseñanza budista, no puedes encontrarte con los resultados de una acción que no has cometido, pero cuando llevas a cabo alguna acción, el resultado nunca desaparece y tienes que experimentarlo. Creo que es bastante importante hacer un inciso. Cuando sufres, no sólo sientes dolor o incomodidad en ese momento, sino una especie de impotencia y desánimo. Estás totalmente envuelto en ese sufrimiento y parece reinar una especie de oscuridad. La compasión es cuando te preocupa el sufrimiento de los demás y lo compartes basándote en que ellos tienen el mismo derecho que tú a ser felices. En ese momento el sufrimiento puede que te haga desgraciado o te trastorne un poco, pero ese trastorno lo aceptas voluntariamente debido a que eres consciente de ello y a tu decisión de compartir el sufrimiento de los demás. Por lo tanto, el trastorno y la incomodidad no dejan rastro de oscuridad en tu mente. Has de tener muy claro que deseas absorber el sufrimiento de otro y estar muy alerta.

¿En la meditación Vipassana *qué tipo de transformación tiene lugar cuando tu atención va de un lugar a otro en el cuerpo?*

Hay muchas variedades de meditación *Vipassana*. Que yo sepa, hay un tipo que se centra en el cuerpo. Cuando estamos apegados, hemos de aclarar el concepto de "mi cuerpo" y en ese momento identificarlo. Sentimos que existe un cuerpo independiente. Si meditamos en las distintas partes del cuerpo, al final el sentimiento de que tenemos un cuerpo sólido o algo muy valioso desaparece. "Mi cuerpo" empieza a significar muchas partículas y combinaciones diferentes. Una vez te das cuenta de ello, tu sentimiento de solidez, de unidad y valor ya no existe.

La atención plena en el cuerpo implica meditar en las distintas partes del mismo. La *Vipassana* más importante y poderosa es la meditación en la vacuidad (*shunyata*).

Una pregunta personal: en mi vida he cometido muchos erro-
res, pero en cada tropezón mi padre me ha ayudado. Él me dice
que mis errores me harán ser mejor persona. Durante un par de
meses he estado muy tranquilo, no he perdido los nervios, pero
ahora que tengo trabajo y éxito en la vida, he vuelto a perder los
estribos. Quiero conseguir algo en la vida. ¿Está mal eso?

Es difícil responder a eso. No sé cuál es tu creencia básica o tu
actitud frente a la vida y respecto a las vidas anteriores y futuras.
No estoy muy seguro de cuál es tu estilo de vida. Puede haber distintos remedios según tu actitud respecto a la vida. En general,
siempre que surge algo negativo yo intento recordar que las demás
personas también tienen experiencias más o menos similares. Pensar de ese modo alivia parte de mi carga mental. También intento
ver algún aspecto positivo en esa circunstancia negativa. A veces,
esta perspectiva te permite tener una experiencia más positiva y
creativa. Por ende, la naturaleza de un acontecimiento es relativa.
Un hecho puede tener diferentes aspectos y si lo observamos de
cerca, puede que hallemos algo positivo. Puede que no sea positivo por sí mismo, pero puede mitigar nuestra frustración.

La autoconfianza es importante. Los seres humanos tenemos
un maravilloso cerebro y determinación. Los budistas hablamos
de la naturaleza del Buddha o semilla búdica. Aun sin hablar de
estas cosas, tenemos el potencial para alcanzarlas; si empleamos
nuestra inteligencia con una gran paciencia y esfuerzo constante,
incluso aunque fracasemos las tres primeras veces, todavía queda una posibilidad de alcanzar la meta.

Puede que no sea en tres años, pero muchos maestros dicen que
la realización del absoluto puede suceder en un instante, justo lo
contrario a un largo camino. Por favor, podría comentar esto.

Eso sucede algunas veces, pero sólo debido a muchas causas
y bajo muchas condiciones. En algunos casos ocurre en un plano
invisible. Cuando las causas y las condiciones han madurado por

completo, entonces pasa al instante. Tienen lugar ciertas experiencias espirituales extraordinarias.

Si todas las religiones predican la compasión, el amor y la hermandad, ¿cómo es que los seres humanos luchan en nombre de la religión, especialmente en nuestro continente?

La mayoría de las veces las personas simplemente se contentan con ponerse la etiqueta de una religión. Por ejemplo, yo puedo decir que "soy budista" y contentarme con ello. Las personas no se preocupan de su práctica diaria, de su conducta o de sus pensamientos, no se plantean profundizar en su significado. En mi caso, se supone que el budismo guía mi conducta y a mí en general. Es una forma de pensar y de actuar y un medio para darles forma. Pero a veces no nos lo tomamos en serio, de modo que si no tengo intención de cambiar según los ideales budistas pero continúo reivindicando que el budismo es "mi religión", lo único que hago es utilizarlo porque necesito una fuerza religiosa.

Del mismo modo, cuando dices "soy cristiano", invocas a toda la cristiandad para que te apoye. Pero esa tradición nunca llega a alcanzarte y nunca cambias. Cuando una persona totalmente ignorante, frustrada o llena de odio utiliza la religión, se convierte en un desastre. Lo que hemos de hacer es reflexionar sobre nosotros mismos y comprobar si nos consideramos practicantes y seguidores sinceros de una tradición. Sólo entonces te convertirás en una persona distinta.

Hay ciertos practicantes sinceros que por ignorancia y falta de contacto con otras culturas, sólo creen en su propia religión y consideran que las demás no son buenas. Algunas veces eso es el resultado de las enseñanzas, pero en general se debe a la falta de contacto, a la falta de conciencia y de verdadera comprensión del valor más profundo que tienen otras tradiciones. Una vez te das cuenta de que entre los musulmanes y los cristianos hay personas maravillosas, automáticamente desarrollas un aprecio por su tradición.

El que sigue una religión primero ha de reflexionar sobre sí mismo, observar si la está siguiendo sinceramente o no, y si la practica de verdad. La comunicación constante o el intercambio con otras religiones es muy necesaria. Esta mañana, en la VII Conferencia Mundial sobre Religiones en Delhi, he dicho que para desarrollar una armonía genuina en primer lugar deberíamos tener reuniones regulares entre los líderes religiosos; en segundo lugar, entre los eruditos, y en tercero, entre las personas que tienen experiencias más profundas. Los encuentros entre esas personas son esenciales. Conocer bien nuestros valores mutuos más profundos y el potencial de la mente humana para lo negativo, conocernos bien entre nosotros, supondrá una gran ayuda.

¿Cómo se puede generar o desarrollar la compasión en la vida y cómo podemos practicarla?

Mediante la meditación analítica y unidireccional. La meditación analítica implica la evaluación constante del valor de la compasión. Una vez te has vuelto una persona más compasiva, tienes una convicción real. Te vuelves más calmado y feliz, tienes menos miedo y más autoconfianza; eres más abierto y te comunicas mejor con los demás; ganas amigos y más sonrisas. Por otra parte, examina el odio, ¿qué valor tiene?

El odio destruye nuestra felicidad, la felicidad de una familia y la felicidad nacional e internacional. Si tuvieras que hacer un retiro de tres años y meditaras en el odio, nunca experimentarías la paz, siempre te sentirías mal y al final perderías el apetito, el sueño y la vida, eso es lo que hace el odio. De modo que observa como si fueras un científico e intenta examinar constantemente los aspectos positivos y negativos de estas cosas. Intenta deshacerte de los aspectos negativos y fomentar o producir las cualidades positivas mediante el análisis.

Asimismo, cuando hablamos sobre la mente, no nos referimos a una sola entidad. Hay muchos pensamientos y muchas mentes. Algunas son positivas, como una medicina. Otras son negativas y son mucho peor que un veneno.

Con las cosas materiales retienes ciertos aspectos positivos y desechas otros, eso mismo sucede con la mente. Esas mentes que nos aportan felicidad, calma o fortaleza interior y amigos son positivas. Las que al final acaban destruyendo estas cosas, evidentemente, son negativas. Analiza todo esto, y cuando mediante la meditación analítica consigas algún tipo de convicción y plena certeza, reflexiona un poco sobre ello. Si eres creyente, recita algunos *mantras*. Éste es el modo, un poco de meditación analítica y luego, al final, meditación unidireccional. Cuando la fuerza de la convicción disminuya, vuelve a la meditación analítica.

Si uno padece mucha angustia y se da cuenta de que se debe al efecto de karma *pasado, pero no puede soportar el sufrimiento, ¿qué debe hacer? ¿Puede ayudar la oración?*

Según algunas tradiciones como el budismo, la confesión de las acciones negativas es un método. La tradición budista del Tantrayana recomienda la recitación de distintos *mantras* que crean ciertas imágenes o reliquias, y muchas religiones incluyen la práctica de la generosidad. Además de todo ello, deberíamos rezar.

¿Es posible o recomendable mostrar compasión hacia alguien que no deja de herirte?

¡Sí, por supuesto! ¡Es de suma importancia! El enemigo o la otra persona que está intentando herirte o que te está hiriendo –aunque la actitud de esa persona hacia ti sea negativa– ante todo es humana, y también tiene derecho a superar el sufrimiento y a ser feliz. Por eso has de cultivar la compasión hacia esa persona. Eso no significa que tengas que inclinarte delante de tu enemigo. Hay varias razones, suficientes para sentir compasión, y también, en algunos casos, suficientes para enfrentarse al enemigo. Son dos cosas distintas.

81

¿Por qué hemos de intentar eliminar el sufrimiento? ¿No es una parte de la vida tanto como la felicidad?

Si estas satisfecho con tu vida cotidiana y con todo su sufrimiento, eso es lo mejor. No tienes que preocuparte o hacer esfuerzo alguno.

¿Podría Su Santidad hablarnos de su visita al proyecto de Baba Amte? ¿Qué podemos aprender de la compasión práctica de Baba?

La compasión práctica, creo que ésa es la forma adecuada de desarrollo en la India. No basta con tener unas cuantas industrias cerca de las ciudades. Por supuesto, ésa es una parte buena y necesaria del desarrollo, pero la verdadera transformación y cambio en la India debería proceder del trabajo de gente como Baba Amte, un trabajo que están realizando basándose en la raíz del problema. Estoy muy impresionado con la nueva colonia. Me dijeron que antes era una tierra deshabitada. Ahora se ha transformado en un pequeño pueblo colmado de espíritu humano y de autoconfianza. Cuando estuve allí, un paciente que sólo tenía dos dedos estaba usando un martillo con mucha fuerza. Creo que debido a mi presencia, su fuerza era mayor. Yo estaba un poco preocupado de que se hiciera daño con el martillo. Ese lugar estaba lleno de vida y la gente no tenía sentimiento de inferioridad, sólo de igualdad. Nos dimos la mano sin dudarlo. Todo fue maravilloso, muy hermoso. Quedé muy impresionado.

¿Por qué venimos a este mundo?

La naturaleza es la naturaleza. No hay respuesta.

Su Santidad ha dicho que el desarrollo adecuado de la motivación es el factor clave. ¿Cómo desarrollar esa motivación?

Creo que ya lo he explicado, adiestrando la mente, mediante el análisis basado en nuestras experiencias pasadas, examinando nuestro pasado, así como las experiencias pasadas de otros, como Mahatma Gandhi o Baba Amte. Cuando conocí a Baba Amte, a pesar de sus problemas físicos, una sonrisa se dibujaba en su rostro, estaba lleno de vida, lleno de espíritu y radiante. Ése es el resultado de la compasión y de la autoconfianza. La gente como Hitler y Mao Zedong tuvieron un poder tremendo, pero estaban llenos de desconfianza y de odio. Creo que Mao era una persona bastante sofisticada –llena de confianza–, pero desconfiaba incluso de sus mejores camaradas. Una vez has incubado esa desconfianza y odio, no puedes ser feliz. La compasión es importante, porque todos queremos ser felices.

¿Cuál es el mejor método para detener el aumento de la población? ¿Desempeña la filosofía budista alguna función?

¡Más monjes y más monjas, por supuesto! Yo lo denomino control de nacimiento no violento. Es necesario.

En vísperas de su primera visita a Jerusalén, ¿cuál es su mensaje para las relaciones interreligiosas?

Hace unos años inicié una práctica que considero un paso hacia el establecimiento de la armonía entre las religiones: una peregrinación a diferentes lugares sagrados con un grupo de personas de distintas religiones. Fuimos juntos y oramos en silencio, fue toda una experiencia. Empezamos en Sarnath. El año pasado fuimos a Trivandrum, en Kerala, tuve la oportunidad de entrar en una mezquita, en una iglesia y en un templo de Ganesh.* Vi una hermosa estatua

---

* Ganesh es una de las deidades más populares del panteón hindú, con cabeza de elefante y cuerpo humano. Se le invoca cuando se va a iniciar algún negocio y en general al principio de todas las oraciones. Es el señor del éxito, la prosperidad, la buena vida, el que elimina los obstáculos. Por eso, ir a visitar un templo de Ganesh se considera auspicioso y una garantía de prosperidad. *(N. de la T.)*

de Ganesh en plata. Ganesh tenía un estómago muy bonito; tras esa visita, pensé que ganaría algo de dinero, pero no fue así. En la mezquita tuve mi primera oportunidad de orar junto a mis hermanos musulmanes. Creo que ése es realmente un poderoso método de comunicarse con gente de distintas tradiciones religiosas. Fui a Jerusalén hace muchos años, después de dicha visita se me despertó un gran interés por ir a lugares sagrados como ése.

Hace poco he visitado Lourdes en Francia, donde hubo la aparición de la Virgen María. Fue realmente maravilloso. A pesar de que yo no soy creyente, de que no creo en Dios. Los budistas no aceptamos un creador. No obstante, respeto y aprecio profundamente la tradición cristiana y todas las demás tradiciones. Por eso, cuando estuve allí, sentí una profunda satisfacción. Fue maravilloso. Si es posible, también iré a la Mecca, pero no sé cuándo. Realmente espero ir a Jerusalén con un grupo de personas de diferentes religiones.

Si todos somos seres humanos, ¿cuál es la diferencia entre tú y yo?

Creo que hay una gran diferencia. ¡Tú eres tú y yo soy yo!

MODERN SCHOOL, BARAKHAMBA, 1994

IV. CÓMO VIVIR Y MORIR MEJOR

Voy a interpretar en tres niveles distintos el tema de cómo vivir y morir mejor. En primer lugar, para los no creyentes, luego para los creyentes en general y, por último, para el practicante budista.

Creo que todos vivimos con la expectativa y la esperanza de ser felices. Nadie quiere sufrir. El propósito de nuestra vida es el logro de la felicidad. Uno puede alcanzar la felicidad en el plano físico y mental, así como en el plano en el que puede aliviar o mitigar el sufrimiento. Puede haber dos clases de felicidad: la felicidad que se obtiene de lograr la felicidad mental y física, y la que se logra reduciendo el sufrimiento.

Muerte significa sufrimiento, y sin duda eso es algo que no deseamos. No obstante, si aprendemos a enfrentarnos a la muerte, esa preparación nos asegura que no tendremos que sufrir demasiado. Ser capaces de enfrentarnos a la muerte relajadamente y sin tristeza depende de cómo vivamos a diario. Mientras estás vivo, si puedes controlar tu mente, la calma se convierte en un hábito; de modo que cuando te encuentras con la muerte, puedes estar relajado. Si nuestra vida diaria tiene un sentido y es positiva, en el momento de la muerte sentiremos: «Durante mi vida, al menos hice algo que tenía sentido. Aunque me gustaría estar un poco más en este mundo, no me arrepiento de nada».

Puede que te preguntes qué significa que un día tenga sentido en tu vida. Seamos creyentes o no, vivir es una realidad. Si examinamos el propósito de nuestra vida, nos daremos cuenta de que ésta no es para crear trastornos, sino para aportar más felicidad y armonía. Somos criaturas sociales. Nuestra vida no depende de una causa o condición, sino de varias. Si podemos comprender que nuestra vida posee muchas facetas y depende de muchas causas y condiciones, esto nos permitirá darle más sentido. No importa lo fuerte que sea una persona, hemos de vivir como una comunidad humana. Si alguien vive aislado, al final experimentará mucha frustración, porque su naturaleza humana es ser social. Muchas de nuestras necesidades, como tener suficiente comida y un techo, nos las proporcionan los esfuerzos de los demás. La felicidad y la comodidad en nuestra vida cotidiana dependen en gran medida de los demás. Ésa es la realidad, y nuestra vida cotidiana o forma de pensar debe ser acorde a estas condiciones y factores. La inteligencia humana es tan sofisticada que a veces crea una imagen que oculta la realidad. A veces estamos bajo la falsa ilusión de que somos independientes, que somos capaces de alcanzar algo, y no nos damos cuenta de hasta qué punto nuestra vida depende de la existencia, de la ayuda y del apoyo de los demás. Esto no sólo se aplica a las personas, sino al entorno y a otras especies, en realidad, a todo. Muchos problemas y sufrimientos tienen lugar porque no podemos darnos cuenta de la ayuda y el apoyo que recibimos del entorno que nos rodea, y porque no prestamos la atención adecuada ni entendemos su importancia.

Aunque te enfoques en tu felicidad y bienestar personal, una vez entiendas cuánto depende tu vida de tu entorno, podrás ampliar tu perspectiva y realización de la realidad. Esta visión ampliada te permitirá crear una vida más armoniosa, no sólo para ti mismo sino también para los demás.

Ese tipo de perspectiva o visión más amplia automáticamente da como resultado un sentido de compromiso y preocupación por los demás. Esto no es por cuestiones sagradas, sino porque nuestro propio futuro depende de estos factores. Esta visión no sólo es realista, sino que es la base de la ética moral secular. Mentimos, estafamos y realizamos muchas otras acciones negativas respecto a los otros miembros de nuestra comunidad sobre la que depende nuestro futuro. Debido a nuestra miopía o ignorancia, manipulamos los factores de los que depende nuestro futuro. Darse cuenta de esto implica una actitud más compasiva y solidaria. Ayuda a desarrollar una actitud mental compasiva, y la no violencia es la mejor forma de solucionar los problemas a los que se enfrenta la humanidad. La utilización de la fuerza significa negar los derechos de los demás. La no violencia, por otra parte, es una actitud humana y una forma significativa de diálogo. El diálogo sólo se puede conseguir mediante el respeto o la comprensión mutua en un espíritu de reconciliación.

Una vez has podido cultivar esta perspectiva y actitud y puedes tratar a cada persona de este modo, conseguirás que tu vida tenga sentido todos los días.

Cuando hablo de esto, siempre digo que deberíamos ayudar a los demás todo lo posible, e incluso aunque no podamos ayudarles, al menos evitar hacerles daño. Esto es un resumen de la filosofía budista que es aplicable incluso a los no creyentes. A la larga, si las personas son más compasivas, serán más felices. Con las acciones negativas, podemos ganar temporalmente, pero en el fondo siempre reina cierta insatisfacción.

Cuando hablo de la necesidad y de la importancia de cultivar la compasión, no digo que adoptemos una actitud pasiva. En nuestra competitiva sociedad moderna muchas veces hemos de adoptar una postura dura. Al cultivar nuestra motivación y actitud compasiva en beneficio de los demás, creamos un pensamiento positivo y actitudes que nos ayudan a adoptar esa postura firme que necesitamos.

En el momento de la muerte, una mente calmada es esencial. Los amigos o los que cuidan a una persona moribunda también han de estar tranquilos. Aunque tengan una motivación sincera y deseen ayudar, a veces sus acciones provocan más agitación y trastorno en la mente del moribundo.

En el segundo nivel, el de los creyentes. Aunque no estoy cualificado para explicar todas las filosofías, considero que es bueno que las personas crean en el creador y que teman a Dios. Deseamos ciertas cosas, pero sabemos que van en contra del deseo o de la voluntad de Dios; esta forma de control es muy útil para desarrollar una actitud positiva. Luego está el tema de la compasión y del amor. A veces tenemos la oportunidad de hacer cosas negativas, pero por el respeto y el deseo de ser un buen adepto, uno se abstiene de hacerlas. Ésta es una forma muy buena de automejora. La expresión genuina de amar a Dios es amar a tu vecino. Creo que una persona que muestre verdadera amabilidad, amor y compasión hacia sus hermanos y hermanas ama sinceramente a Dios. Algunas personas lloran delante de las imágenes de Cristo o de otras deidades, pero en sus asuntos mundanos, esa fe y compasión genuina está ausente. La verdadera compasión y fe en Dios puede calmar la ansiedad. Pero eso no significa que uno deje toda la responsabilidad a Dios. Dios nos enseña el camino, pero nosotros tenemos la gran responsabilidad de ponerlo en práctica y seguirlo fielmente.

A la hora de la muerte hemos de recordar a Alá o a Dios o a alguna otra figura. Creo que ésa es una forma de reducir la tensión mental. Ésta es la razón por la que creo que todas las grandes religiones tienen el mismo potencial para ayudar a la humanidad: reducen las frustraciones mentales y nos dan esperanza. Cuando al comienzo de nuestra vida nos enfrentamos a una discapacidad física u otros problemas, no parece haber mucha esperanza. Sin embargo, a pesar de ello, hay algo en lo que tener esperanza para el futuro que tenemos por delante.

En mi interpretación del tercer nivel para los budistas, ¿qué es una vida positiva y con sentido? ¿Cuáles son las demarcaciones? Tenemos una capacidad innata para anhelar la felicidad y despreciar el sufrimiento. Es una ley de la naturaleza. Si me preguntan por qué es así, la explicación budista es que todas las experiencias negativas son temporales y se pueden eliminar. Puesto que existe la naturaleza búdica, una semilla búdica en nuestro interior, todas estas emociones negativas se pueden suprimir. Todo ser vivo tiene el potencial de la naturaleza búdica. Desde el nacimiento todos los seres ansían la felicidad y quieren liberarse del sufrimiento. Basándonos en ello, todas las acciones y motivaciones que aportan satisfacción o felicidad son positivas, y las que nos traen sufrimiento son negativas.

¿Cómo vives mejor? Lo esencial, tal como he mencionado antes, es ayudar a los demás. Si hay más personas que sonríen, tendrás paz. Si hay más personas tristes, también lo estarás tú. He visto algunas personas que no eran muy mayores, pero lo parecían; una madre, un padre y una hija pequeña. Vendían periódicos y tenían una expresión desoladora. Verlos me puso muy triste. Si creas más sonrisas, obtienes más satisfacción. Consigues satisfacción inmediata y con el tiempo tienes amigos de confianza. Los amigos por interés no son verdaderos amigos. Sólo las amistades que se han forjado por el afecto humano lo son.

Si puedes ayudar, hazlo. Si no puedes, al menos no perjudiques a los demás. ¿Por qué hemos de abstenernos de hacer daño a los demás? La razón es nuestra interdependencia. Nuestro futuro depende de los demás. Incluso la felicidad individual de una persona depende de muchos factores y condiciones. Nuestra experiencia de hoy es el resultado de las causas y efectos del ayer, así como de nuestras experiencias en vidas anteriores. Todo el universo, toda nuestra galaxia, va y viene de este modo. Según la teoría moderna, el mundo se creó con el *Big Bang* y al final se disolverá del mismo modo. Si es así, entonces los budistas hemos de pensar más seriamente. Pero hay varios *big bangs*, uno tras otro. Por consiguiente, según la cosmología, la teoría budista encaja muy bien. Todo esto se debe a la acción y a la motivación basada en la ley de causa y efecto: todo está cambiando momentáneamente y depende de causas y condiciones.

Los cambios momentáneos que tienen lugar en todos los fenómenos impermanentes dependen de las causas y condiciones individuales. Estas causas de los cambios momentáneos no proceden de causas y condiciones no concordantes, ni tampoco se producen sin ellas. Cuando hablamos de cambios momentáneos que dependen de causas y condiciones, hay dos categorías de causas: la cooperativa y la sustancial.

Cualquier cosa que no sea duradera, todo lo que esté sujeto a desintegración, lo cual incluye a los *bodhisattvas* y a los *buddhas* iluminados, cambiará y se desintegrará. Incluso en el estado de budeidad, entre las cualidades del Buddha, vemos que algunas son impermanentes, mientras que otras son permanentes. De modo que todos los fenómenos, permanentes o impermanentes, incluso en el estado de budeidad, están sujetos al cambio y a la desintegración. Incluso la teoría del *karma* depende de la teoría de la causalidad. Tales cambios no sólo los crea la mente. El significado de la práctica es conocer primero la realidad, y luego según ésta desarrollar el método que sea más apropiado. Ése es el proceso de cambiar la mente.

Por lo tanto, cuando hablamos de llevar a cabo ciertas prácticas espirituales, estamos hablando de una forma de vida, de seguir una práctica que esté en armonía con la naturaleza de la existencia de las cosas. Cuando hacemos ciertas prácticas en armonía con la naturaleza, es de suma importancia comprender primero cómo existen las cosas, la ley de la naturaleza, pues es también desde este punto de vista que se desarrolla la enseñanza del Buddha. Asimismo, también enseñó la utilización de métodos de indagación basados en la realidad y en la naturaleza del fenómeno. En la enseñanza del Buddha, se da mucha importancia al concepto de la percepción válida. Es tan importante, porque gracias a ella podemos comprender la naturaleza.

Cuando comprendemos la ley de la naturaleza y la importancia de conocer cómo existen las cosas, cuando llevamos a cabo estas prácticas, nos damos cuenta de lo importante que es transformar nuestro estado mental paso a paso. Incluso la misma clase de mente enfocada en el mismo tipo de objeto se puede transformar gradualmente, mediante la eliminación del estado mental erróneo y, por último, conducir al estado de percepción válida. Por ejemplo, puede que tengamos una idea completamente distorsionada sobre un objeto en particular. Un verdadero estudio e investigación puede transformar ese falso entendimiento en una duda, luego, paulatinamente, puede convertir la duda en un hecho, que a su vez, poco a poco, puede transformarse en una suposición correcta, después en conocimiento inferido y, por último, se puede tornar en una percepción válida que favorezca la comprensión de ese objeto concreto.

Por consiguiente, comprender cómo existen las cosas y ser capaces de distinguir entre la apariencia y la realidad es muy importante. Para reducir la disparidad entre realidad y apariencia, lo mejor es conocer la verdad. Cuando damos tanta importancia a la comprensión de cómo existen las cosas realmente, no sólo lo estamos haciendo en pro de esa comprensión, sino porque queremos felicidad y no insatisfacción. Podemos cultivar la felicidad y alcanzarla, eliminar el sufrimiento, siempre que podamos implicarnos en una práctica que esté en armonía con la ley de la naturaleza y con la forma en que existen las cosas. Por esta razón el Buddha enseñó las Cuatro Nobles Verdades.

Puesto que nuestro objetivo es el logro de la felicidad o de algún tipo de felicidad permanente, al final hemos de encargarnos de las causas y condiciones de esa meta. Ésta es la razón básica por la que hemos de practicar la no violencia que se basa en la compasión. Es decir, si no podemos ayudar a los demás, evitemos perjudicarles. ¿Por qué hemos de hacerlo? Hemos de implicarnos en la práctica de la no violencia y de la compasión, debido a la realidad de nuestra interdependencia respecto a todos los demás seres vivos.

En la madrugada, cuando estamos frescos y alerta, hemos de cultivar una actitud mental positiva, no sólo mediante el anhelo, sino a través de la meditación analítica. Analiza e investiga los beneficios de una actitud mental positiva, y el sufrimiento o la desventaja de una actitud negativa. Eso es lo que denominamos meditación analítica. La meditación analítica es más poderosa, que la meditación unidireccional. También, al principio, y de un modo sencillo, intenta tener presente el altruismo infinito. Entonces, con una motivación, haz más meditaciones detalladas y analíticas sobre la impermanencia o las diferentes experiencias de la realidad; luego vuelve a la impermanencia; y si puedes, y tienes interés, indaga en la realidad última.

La compasión es el método, y la sabiduría, la visión filosófica de la comprensión de la realidad. La combinación de sabiduría y motivación es la forma adecuada de transformar la actitud mental. Es posible que exista algún tipo de emoción como la ira o el apego, debido a disposiciones anteriores. Si indagas y desarrollas fuerzas contrarias positivas, estas emociones negativas empezarán a desintegrarse. Otros tipos de emociones son el fuerte sentido del altruismo y la compasión. Éstas no son resultado de disposiciones pasadas, sino fruto del análisis de los beneficios y desventajas de las emociones. De este modo puedes desarrollar estas motivaciones. Las emociones positivas se pueden desarrollar mediante la meditación analítica. Se han de combinar los dos aspectos: el de la sabiduría y el del método. Si intentas desarrollar esta motivación positiva desde primera hora de la mañana, creas más sentimientos positivos y durante todo el día mantienes parte del efecto de la práctica matinal. Entonces, al menos un día, aunque no sea del todo perfecto, será menos negativo. El día siguiente intenta también recordar: «He de hacer que este día tenga sentido». Continúa de este modo día tras día, semana tras semana. Al principio, es incontrolable, pero a medida que pasa el tiempo, y con un esfuerzo y determinación constante, acabas sintiendo una nueva esperanza. Puedes hacerlo.

Cultivar estas fuerzas positivas es posible, puesto que es nuestra naturaleza básica, y las cosas negativas automáticamente se reducirán y debilitarán. Se pueden eliminar por completo estas cosas negativas. No es fácil y quizás tardemos eones. Sin embargo, es mejor pensar en eones que en unos pocos años. Algunos practicantes inician retiros de tres años con grandes aspiraciones. Comienzan el retiro como una persona normal y esperan salir como *bodhisattvas*. A mi entender eso no es realista. Es mejor pensar en eones que en unos pocos años. Por experiencia propia creo que al principio hay muchas expectativas, que después se convierten en una fuente de decepción y fracaso. La determinación es necesaria desde el comienzo y no importa cuántos eones suponga. Cuando llega el momento de hacer algo correcto, el tiempo no importa, siempre que cada día de nuestra vida sea útil. Ése es el propósito, el tiempo carece de importancia. Si se trata de una experiencia desagradable, sí que importa el tiempo; pero no, si es al revés. En ese caso, incluso es preferible un período de tiempo mayor. Al igual que calculas cuánto has hecho de caja al final del día, y lo haces en términos de dinero, del mismo modo, antes de acostarte deberías revisar qué has hecho durante el día, si ha sido positivo o negativo.

Nuestra práctica diaria se asienta sobre estos pilares. Además, puedes practicar algo de canto y recitación. Si alguien está lo bastante avanzado, también puede realizar prácticas tántricas. Sin embargo, sin una preparación y una base adecuada, el mero hecho de visualizar una deidad no es más que una proyección mental y no sirve de nada. Éste es el proceso por el cual hemos de conseguir que nuestra vida cotidiana sea más significativa.

Normalmente, la práctica se clasifica en dos niveles: la práctica en la sesión de meditación y la práctica en el estado postmeditativo. Cuando estás en la sesión de meditación, estás recargando baterías. El propósito de recobrar tu energía espiritual es para que puedas utilizarla en tu vida diaria cuando no estés meditando. Lo más importante es que cuando te enfrentes a tu vida real, tanto si eres profesor, asistente sanitario, médico, político o ejerzas cualquier otra profesión, el reto se produce en ese momento. Ésa es la verdadera práctica. Puedes comprobar tu práctica observando cómo vives tu vida, y cómo te enfrentas a tus asuntos cotidianos. Cuando inicias tu trabajo individual, es normal que te encuentres con ciertas oportunidades de manipular y engañar a otras personas y de verte implicado en ciertos actos negativos. Aunque tengas esta oportunidad a tu alcance, recuérdate la necesidad de evitar tales actos. La verdadera práctica es la abstención de dichas acciones.

Veamos ahora cuál es la práctica principal en el momento de

morir. En primer lugar, una vez has asumido que tu práctica puede durar eones y varias vidas, eso te da una nueva visión sobre la muerte. Por supuesto hay muchas explicaciones sobre el porqué permanece la mente más sutil. Hay muchas razones para su existencia. En lo que respecta a la mente sutil, ésta no tiene principio ni fin. Según los textos que enseñó Nagarjuna, existen varias razones para ello. El plano más burdo de la mente existe debido a nuestro cerebro, y según los diferentes planos, podemos denominarla mente humana, mente animal, etc. Los planos mentales más burdos producidos por el cerebro y el cuerpo son los que denominamos mente humana. Esta mente depende del funcionamiento del cerebro. Tan pronto como el cerebro deja de funcionar, la mente también. Pero, luego, al utilizar el cerebro como una condición cooperativa, el potencial de poder ver el objeto, la posibilidad de cultivar el potencial para reconocer el objeto ha de proceder de una causa separada. Esta causa se denomina causa sustancial, sin la cual, aunque exista una condición cooperativa como el cerebro, no puede llegar a existir.

Ésta es la razón por la que no podemos hablar sobre un momento en particular y decir que ésta es la primera vez que la mente sutil ha existido. Aceptar eso implicaría que podría surgir una mente sutil de cualquier otro objeto que no es mente por naturaleza. Por lo tanto, con esta visión en nuestra vida, es como cambiarnos de ropa: envejeces y cambias.

En nuestra actitud respecto a la muerte es donde reside la diferencia. La diferencia está en darnos cuenta claramente de que forma parte de nuestra vida y que ha llegado a existir debido a la ignorancia y las emociones negativas. Según esta visión, la existencia del cuerpo se debe principalmente al apego. Ser conscientes de que la vida actual se basa en la ignorancia y en el apego, y la capacidad de ver esta existencia presente como una proyección de la ignorancia y del apego, también nos ayudará a entender que cualquier cosa que sea fruto de la ignorancia y del apego está destinada a producir sufrimiento, ésa es su naturaleza. Comprender esta realidad nos sirve para ampliar nuestra perspectiva.

Cuando hablamos de la importancia de darnos cuenta de nuestra propia existencia como resultado de la ignorancia, del apego y de algo que en esencia es insatisfacción, debe ser entendido en el marco de las Cuatro Nobles Verdades. Esto se puede interpretar como dos categorías o niveles: la clase pura y la impura. La clase impura significa las dos primeras Nobles Verdades: la insatisfacción y el origen de la misma. El segundo nivel de las Cuatro Nobles Verdades explica la clase pura, el fin de la insatisfacción y el camino que conduce a ese cese. Cuando hablamos de la importancia de ser conscientes de la insatisfacción, es muy importante comprender la posibilidad de alcanzar el fin de la misma y eliminar las causas que la provocan. Gracias a este entendimiento somos capaces de crear una fuerte aspiración para ponerle fin. A fin de acabar con la insatisfacción, es muy importante comprenderla bien. Si no entendemos la posibilidad de acabar con esa insatisfacción o de alcanzar el estado en que podemos eliminarla, no sirve de nada contemplar la insatisfacción. Casi suena como adoptar una actitud pesimista. De modo que es muy importante comprender la posibilidad de alcanzar un estado superior, el estado de la vida como ser humano o deidad. Hay dos clases de renacimientos: uno en el reino donde hay más sufrimiento y otro en el reino de mayor felicidad.

El mismo objeto puede ser estudiado desde diferentes ángulos. Cuando se estudia algo desde varias perspectivas, se pueden sacar distintas impresiones del mismo objeto. Cuando hablamos de la importancia de estudiar un objeto desde diferentes perspectivas, ello está en armonía con la realidad, porque todo objeto tiene varios ángulos y perspectivas.

¿Dónde se encuentra la frontera para determinar lo que existe y lo que no existe? La frontera entre la existencia y la no existencia es: aquello que es percibido mediante una percepción válida es lo que existe, y lo que no es percibido mediante tal percepción no existe. Este tipo de delimitación o explicación es algo que te puede llevar a más preguntas. No es fácil de comprender. Por eso encuentro que la definición de Nagarjuna sobre la diferencia entre la existencia y la no-existencia es convincente y apropiada.

Nagarjuna en su texto dice que un fenómeno en particular puede ser considerado existente si su existencia está de acuerdo con las convicciones conocidas convencionalmente por las otras personas, si ese tipo de aceptación no se contradice con otras percepciones válidas, y si tampoco se contradice por una mente que analice la verdad última.

Ésta es la única delimitación entre algo que existe y algo que no existe. Incluso en la categoría del objeto que existe, pueden haber diferentes aspectos o perspectivas. Aquí utilizamos el término existencia relativa, y desde este punto de vista todo es relativo. No hay una existencia absoluta. Ser conscientes de la insatisfacción es una gran ayuda, cuando nos enfrentamos a algún problema o sufrimiento. Entonces nuestra respuesta o actitud es que la naturaleza de nuestra existencia implica insatisfacción. En esto se basa todo, cuando lo asumimos y nos encontramos ante una situación difícil, no la consideramos como algo imposible, puesto que conocemos la realidad de nuestra propia existencia. Tenemos una actitud realista y en lugar de frustrarnos mentalmente, estamos más dispuestos a generar una reacción negativa y por último, alcanzar el estado en que podamos superar por completo las reacciones de esa índole.

En el momento de la muerte, la mente puede ser de dos clases: el plano mental burdo y el plano sutil. En el plano más elemental, los amigos que están a tu alrededor te pueden ayudar a cultivar ciertas actitudes positivas. Pero cuando entras en el plano sutil, tus amigos externos no sirven de nada. Son las habituaciones positivas, cualesquiera que poseas en tu vida actual o en las anteriores, las que te ayudarán. De ahí que desde jóvenes hemos de familiarizarnos con la muerte y saber cómo experimentar los diferentes estados del proceso psíquico en la disolución de la mente. Si es posible, familiarízate con ellos mediante la meditación y visualización diaria. En lugar de temor a la muerte, puedes desarrollar una comprensión hacia la misma. Se necesitan muchos años de preparación. Una vez has experimentado la mente más profunda y sutil con la meditación, surge la verdadera oportunidad, puedes controlar el proceso de la muerte. Eso, por supuesto, no puede hacerlo todo el mundo sólo aquellos que han alcanzado un alto nivel en su práctica. Cuando esto se hace junto con la práctica tántrica, también se puede realizar la práctica de la transferencia de la conciencia. Pero la práctica más importante y poderosa es recordar la *Bodhicitta*, el altruismo infinito. Aunque yo practique varios yogas de deidades en mi práctica diaria, confío más en recordar la *Bodhicitta* en el momento de la muerte. A pesar de que no he desarrollado por completo la *Bodhicitta*, todavía siento que está asociada a la muerte. Así que en el momento de morir, concéntrate en la *Bodhicitta* todo lo que puedas.

La práctica de la *Bodhicitta* significa cultivar una mente altruista, desear alcanzar la budeidad para acabar con el sufrimiento de todos los seres. Es muy poderosa. Si puedes cultivar este tipo de mente aunque sólo sea en el plano de la aspiración, sin duda dejará una profunda huella en ti. Respecto a las prácticas tántricas, puedes practicar ciertas visualizaciones y recitar algunos *mantras*, pero si estas prácticas no van unidas a otras requeridas, normalmente dan malos resultados.

En resumen, prácticas como la de la *Bodhicitta* automáticamente aportan paz en el momento de la muerte. Según el budismo, la mente al morir está en una etapa muy crítica, y si puedes dejar una fuerte huella positiva en la hora de la muerte, esa huella supondrá una poderosa fuerza para proseguir con un experiencia positiva en la siguiente vida. De eso no cabe duda. Para los practicantes budistas, así es cómo puedes vivir y morir con sentido. De hecho, en la práctica tántrica hay una frase que reza así: «Al llevar la muerte a la senda del "Cuerpo de Verdad" o *Dharmakaya*, utilizas la experiencia de la muerte como práctica espiritual. La etapa intermedia después de la muerte también es conducida al "Cuerpo de Gozo" o *Shambhogakaya*, y el nacimiento es conducido al camino del "Cuerpo de Emanación" o *Nirmanakaya*».

De modo que la experiencia en el momento de la muerte, ya sea positiva o negativa, depende mucho de cómo hemos vivido. Lo más importante es que nuestra vida diaria sea significativa y positiva, y que vivamos bien y felices.

Puesto que la filosofía del budismo no pretende hacer daño a los demás, sólo beneficiarles, en el caso de las decisiones prácticas que se han de tomar en la vida diaria, si alguien quiere matarte y no tienes forma de escapar, ¿qué puedes hacer?

Desde una perspectiva más amplia, ¿cuál es el propósito de tu vida actual? También has de juzgar tu capacidad de cuánto bien puedes hacer a los demás. Por supuesto, si alguien te ataca, has de escapar o evitar el ataque. Si no hay otra posibilidad, creo que tienes derecho a defenderte. Sin necesidad de matar a tu atacante, quizás hiriéndole en la pierna o en el brazo. Eso es, si tienes la oportunidad de hacerlo.

¿Son los seis reinos del samsara *verdaderos reinos, o son más bien estados cíclicos de la existencia?*

Son una realidad. Yo realmente creo que existen. Pero al mismo tiempo también he de decir que soy un tanto escéptico respecto a que sus explicaciones deban tomarse al pie de la letra.

¿Cómo podemos continuar creyendo en la innata bondad humana cuando vemos el sufrimiento que el ser humano inflige a sus hermanos?

Si lo contemplamos desde una perspectiva más amplia, todos los seres humanos como especie han sobrevivido gracias al cuidado de la madre o del cuidador, hacia quien albergan sentimientos de amor y compasión. Sin el cuidado mutuo, la compasión y el sentimiento, no podemos sobrevivir. La supervivencia de cinco mil setecientos millones de personas prueba ese hecho. Otra de las razones es nuestro cuerpo humano: las emociones negativas son nefastas para la salud. Las positivas o la paz mental son una influencia muy buena para el cuerpo. En esto se basa mi fe. Lo cual no significa que en nuestra naturaleza no haya aspectos negativos. Las emociones negativas también forman parte de la mente. Creo que otra explicación es que la forma más eficaz de cambiar la mente de los demás es mediante el afecto, no con la ira. Es muy difícil sobrevivir, sin un sentimiento compasivo. Sin la ira, no sólo es más fácil la supervivencia, sino que la vida es mucho más feliz. Sin embargo, sin afecto, no podemos sobrevivir. Por lo tanto, creo que el afecto es la fuerza motriz que rige nuestras vidas.

La ciencia moderna describe una personalidad determinada por la genética y los factores medioambientales. ¿Cómo ve Su Santidad que eso pueda ser compatible con el renacimiento?

Nosotros denominamos mente al plano más burdo de la misma. Este plano mental, el menos sutil, que depende del cerebro o del cuerpo físico está muy relacionado con la formación genética. Aquí hemos de comprender que la ciencia moderna puede proporcionar muchas explicaciones y convincentes mediante estos sistemas genéticos. Pero todavía hay muchas áreas grises, cosas que no han podido explicar y que todavía se están investigando.

¿Cómo podemos estar seguros de que lo que estamos haciendo es realmente positivo (es decir, que ante los ojos de los demás pueda parecer negativo y no ante los míos)?

La naturaleza del plano más sutil de la mente o de los factores positivos que se encuentran en un plano muy sutil son estados mentales naturales. Éstos no se pueden explicar fácilmente y precisan explicaciones detalladas o un plano más sutil de explicación. En general, todas estas actividades y todas estas actitudes creadas por las emociones negativas no son meritorias. Cuando hablamos de las emociones negativas aflictivas, estamos hablando de esos planos mentales y de esas actitudes que afloran trastornando nuestra paz, dejan todo nuestro ser totalmente trastornado y hacen que nos sintamos mal. Cuando aparecen el odio, los celos y la codicia extrema, nunca puedes tener paz mental. Por otra parte, si tu *karuna* o compasión es intensa, puede que te sientas mal cuando veas sufrir a los demás, pero has desarrollado eso voluntariamente y por una razón. Entonces lo aceptas y la paz sigue subyacente.

Todas las actividades y actitudes cultivadas por las emociones negativas son actos negativos. Luego están las actitudes acompañadas de motivaciones o acciones virtuosas, puesto que conducen a *karuna* y a la obtención de un renacimiento superior y positivo.

Esta semana he descubierto que mi madre tiene cáncer de mama. ¿Cómo podemos utilizar una enfermedad terminal para nuestro crecimiento personal y cómo puede la familia y los amigos conseguir que su sufrimiento sea productivo?

Si tu madre sigue alguna práctica, piensa de acuerdo con ella. Si no es creyente, creo que los amigos deben mostrar su actitud más compasiva y compartir sus problemas.

Vemos que principalmente son los buenos los que sufren y los malos siguen disfrutando de beneficios y reconocimiento. ¿Cómo podemos creer en una vida cotidiana positiva?

En el budismo ese tipo de observación la consideramos limitada. Ese tipo de conclusión seguramente también se deba a la precipitación. Si uno realiza un análisis detallado, se dará cuenta de que esas personas que infligen el sufrimiento tampoco son felices. Pero al final el futuro de cada persona es responsabilidad suya. Es mejor comportarse bien. Puede que haya personas cuya vida sea muy negativa, pero no debemos seguir ese ejemplo. Por ejemplo, no es correcto decir que vas a matar a tus padres, porque otra persona haya hecho lo mismo. Cada cual debe responsabilizarse de su propia vida y conducirla positivamente.

Esto tiene una explicación desde la perspectiva budista. Puede que veas personas que se están comportando mal y que están realizando todo tipo de acciones negativas. Parecen estar disfrutando más que los buenos. La razón es que estas personas han acumulado pocas acciones positivas y su cantidad de buenas acciones no es suficiente para lanzarlas a las acciones superiores y más positivas que han realizado, con lo cual pronto agotarán los resultados de sus acciones positivas.

¿Por qué la especie humana evoluciona desde formas animales más inferiores? ¿Qué significado tiene esto?

Esto está relacionado con el proceso evolutivo general. Los budistas creemos que antes de que se formaran las galaxias hubieron ciertas energías que se unieron y al final se desarrollaron una forma sólida y las moléculas. De modo que la explicación budista y la teoría de Darwin, en lo que a la evolución se refiere, tienen muchas similitudes.

¿Cómo podemos colaborar con la causa del Tibet? ¿Existe alguna organización en la India que apoye la campaña tibetana?

El gobierno de la India y, por supuesto, los ministerios y el pueblo de la India nos han prestado mucho apoyo. Pero el asunto del Tibet es complicado. El apoyo va en aumento, a medida que pasa el tiempo.

¿Hemos de nacer una y otra vez como seres humanos para alcanzar el nirvana?

Lo mejor es alcanzar el *nirvana* en esta vida. Si no lo consigues, lo harás en muchas vidas sucesivas. Por esta razón es necesaria la vida humana.

¿No cree que hasta cierto punto el sufrimiento ayuda al desarrollo espiritual de la personalidad?

Siempre que seas capaz de transformar esa calamidad o desgracia, el sufrimiento sin duda contribuye a la evolución de la práctica espiritual.

Al transmutar un estado mental negativo en otro positivo, ¿cómo debemos afrontar la etapa inicial de duda e intranquilidad?

En la etapa inicial, es de suma importancia tener una visión general de todo el proceso del camino espiritual. Puede que haya dos tipos de practicantes; el que tenga un buen entendimiento de los distintos niveles de la senda espiritual. Esto supondrá una gran diferencia en su práctica y en la eficacia de la misma, aunque estén practicando el mismo tema. Ésta es la razón por la que en la tradición tibetana se combinan el estudio y la meditación. Es una gran tradición.

¿Cómo equilibramos los derechos legales con los valores morales?

Parece que la ley sea un área independiente, y según algunos expertos en leyes, no existe la idea de los valores morales. No lo sé. Pero como practicante del budismo, creo que, en la ley liberal, el derecho individual y la libertad son muy importantes. Pero eso no significa que no debamos tener en cuenta los derechos o la libertad de los demás.

¿Cuál es su opinión sobre el reciente fenómeno del Ganesh que bebe leche, el cual han relatado practicantes de todo el mundo?

Me gustaría conocer a alguna persona que realmente hubiera presenciado esto, que realmente hubiera alimentado a Ganesh con leche. Como budista, creo en fuerzas o energías invisibles. Eso es normal. Pero en este caso considero que es mejor ser escéptico, salvo que realmente haya sucedido. También es posible que así haya sido.

SIRI FORT AUDITORIUM, 1995

V. LA SENDA PARA LA PRÁCTICA ESPIRITUAL

Han pasado cuatro años desde la última vez que nos reunimos en esta sala. Cuatro años suponen 1.460 días. El día y la noche van y vienen sin cesar sin que reflexionemos si los estamos utilizando correctamente. Nunca esperan a que llegue algo bueno. No sólo el día y la noche, sino también nuestra respiración es un proceso constante. De hecho, la cambiante naturaleza es el producto de la causa de su propia existencia, la respiración; y este proceso dinámico de cambio que observamos en el espectro de la realidad es el producto de la propia causa de la creación.

La estructura de nuestro cuerpo o de sus partículas está siempre cambiando, pero en esencia todos los seres somos iguales, tenemos la misma mente y los mismos deseos. Queremos más felicidad y deseamos evitar el sufrimiento. No hay diferencia entre un ser humano y los animales o los insectos, en lo que al deseo de la felicidad y de evitar el sufrimiento se refiere. No obstante, la diferencia es que debido a nuestra inteligencia y memoria humana, podemos examinar el proceso del sufrimiento desde una perspectiva más amplia. La filosofía o la religión se construyeron sobre esta base.

Puesto que tenemos un cuerpo y una mente, experimentamos dolor y placer. El dolor y el placer también dependen en gran medida de nuestra actitud mental. Si observamos más detenidamente, nos damos cuenta de que el dolor y el placer pueden ser aplacados según la condición mental. Aunque el estado físico pueda implicar dificultades o incluso sufrimiento, si nuestro estado mental está en calma o si tenemos un buen entendimiento o visión correcta, las dificultades en el plano físico pueden ser útiles. En tales casos, aunque sintamos dolor, nuestra actitud mental puede hacernos felices o gozar de bastante bienestar. Por ende, es posible superar el sufrimiento y el dolor con el poder de la mente y la actitud correcta.

Por otra parte, si la mente está afligida, no podemos aplacar el malestar físico. El estado mental es superior a este último. Todo el mundo puede adiestrar la mente, la transformación de la mente puede cambiar nuestra actitud y ampliar nuestra visión.

Hay dos niveles de espiritualidad: uno es la espiritualidad sin fe religiosa y el otro el que conlleva esa fe. Creo que la primera categoría es muy importante, porque la mayoría de las personas, aunque nacen en el seno de una u otra religión, no la ponen en práctica en su vida diaria. Las personas están más preocupadas por el dinero o el bienestar material. Es ese sentido, la mayoría de las personas de nuestro mundo actual no son creyentes.

Algunos de los problemas a los que nos enfrentamos hoy en día en esencia están creados por el ser humano, y en ese sentido parece faltar algo en nuestra forma de pensamiento o percepción. A raíz de ello, sin ninguna intención específica, sino debido a la falta de previsión y al descuido, permitimos que ciertos asuntos se vayan haciendo más importantes hasta alcanzar dimensiones de graves consecuencias. Por eso, es importante y pertinente que exista algún tipo especial de espiritualidad, aunque carezca de una fe religiosa. Es erróneo pensar que conceptos como el amor, la compasión y el perdón son temas puramente religiosos. Pensar que estos aspectos no se pueden practicar fuera de un contexto religioso es indicativo de un entendimiento muy pobre.

Por supuesto, estos temas se encuentran en todas las grandes religiones. No obstante, si reflexionamos descubrimos que la fe religiosa y el concepto de amor, compasión, amabilidad y perdón son esencialmente distintos. Según el budismo, cuando nace un niño, no tiene ideología ni fe religiosa. De algún modo, podemos decir que en ese momento el niño está libre de cualquier ideología o fe religiosa. Pero durante ese tiempo la necesidad y la capacidad de apreciar el afecto que tiene un niño es muy fuerte. Sin el afecto de los padres, el niño no puede sobrevivir. Sin embargo, sí puede hacerlo sin una fe religiosa. En el caso de los animales, es evidente que no tienen religión, fe o constitución, pero también saben cómo cuidar de sus pequeños. Los cuidan y también tienen un sentido de altruismo. Los animales tienen la capacidad de desarrollar un altruismo limitado, pero a diferencia de los humanos no pueden desarrollar un altruismo infinito. Por ejemplo, un animal lame las heridas de otro que está herido e intenta ayudarlo. Los animales tienen una inteligencia y memoria limitadas que, en comparación con la memoria humana, son bastante pobres. Sin embargo, tienen memoria. Los distintos animales tienen distintos grados de inteligencia y algunos tienen la inteligencia de juzgar y de manejar hábilmente una situación. Aunque los pájaros y animales posean cierto tipo de inteligencia, los seres humanos tienen mucha más, un mayor potencial para desarrollar el altruismo infinito y una gran memoria. Por ende, la inteligencia y el potencial humano para desarrollar el altruismo son exclusivos de los seres humanos.

La vida es un proceso de cambio constante. El tiempo pasa y nada sigue igual. De modo que deberíamos tener muy claro cómo utilizar el tiempo de forma adecuada y constructivamente. Para hacer que la vida tenga sentido, nuestra maravillosa inteligencia y potencial único ha de ser desarrollado al máximo. No pasa nada por no ser creyente y seguir no siéndolo, pero sí es necesario ser una persona afectuosa y no utilizar nuestra inteligencia de manera destructiva. Nuestra inteligencia no está diseñada para la destrucción. Si infligimos dolor a los demás, al final acabaremos sufriendo nosotros, es lógico. Si damos felicidad, al final obtendremos satisfacción. Puede que no consigamos una recompensa material, pero no importa, mentalmente estaremos muy satisfechos. Por consiguiente, para vivir una vida feliz y que tenga un propósito, las características humanas únicas de la inteligencia, del potencial del altruismo o del sentido de protección se han de utilizar de forma constructiva. El amor, la compasión y el perdón, a mi entender, forman parte de la naturaleza humana. La fe se desarrolla después. Con fe uno puede ser feliz, pero sin humanidad, compromiso o responsabilidad no podemos ser felices o tener éxito.

Todos necesitamos cuidar nuestra salud. Una mente feliz y tranquila tiene una influencia muy positiva sobre la salud. Si siempre estamos preocupados o ansiosos, acabaremos con nuestra salud. La medicina moderna está empezando a darse cuenta de la importancia del factor mental para la salud.

Para conseguir una familia, sociedad y comunidad feliz, estos elementos mentales internos son esenciales. A veces pienso que estamos demasiado preocupados con la acción o sus frutos y descuidamos la motivación o las causas y condiciones de esa acción o hecho en particular. A veces, cuando sucede algún desastre, todo el mundo se queda traumatizado, todos se sienten desgraciados. Pero las personas no prestamos suficiente atención a las causas y condiciones. Una vez se han desarrollado por completo todas las causas y condiciones, no hay fuerza alguna que pueda impedir el desastre. Es la ley de la causalidad creo que el elemento interno o mental es de vital importancia y además pertinente, sobre todo en nuestro mundo actual. La realidad ha cambiado, especialmente en nuestros tiempos. Esto se debe a la tecnología, a la información, a una mayor conciencia de la realidad, a la población y a los problemas creados por el ser humano como la contaminación y otros factores. Las personas que viven en Delhi ahora están experimentando las consecuencias del "buen trabajo" o quizás el descuido de décadas anteriores.

A pesar de los cambios, parece que nuestras percepciones y actitudes vayan con retraso respecto al tiempo en que vivimos. En nuestro mundo y realidad actual, la frontera entre las naciones y la distancia entre los continentes ya no tienen mucha importancia. El planeta se nos queda pequeño. Cuando vemos la Tierra desde el espacio, la imagen que obtenemos es la de una diminuta esfera, y en realidad ése es su rango. Es importante que aceptemos esto para cambiar nuestra forma de pensar.

En este país, la vida de cada persona está íntimamente relacionada con la de otras muchas. La economía, la educación y muchas otras áreas de la sociedad están en estrecha relación. Los conceptos de "nosotros" y "ellos" carecen ya de importancia. El mundo entero es como una parte de tu cuerpo. Tomemos como ejemplo mi pie y mi mano. Si me duele la pierna, mi mano va a la zona del dolor y la frota y le transmite energía. Del mismo modo, tu vecino puede tener un grave problema; pero sigue siendo tu vecino y parte de tu comunidad. Has de desarrollar la compasión, la bondad y el sentido de interconexión, porque la destrucción de tu vecino o de tu país vecino en realidad supone una destrucción de ti mismo. Bajo estas circunstancias es necesaria una visión más abierta para ver la humanidad como una familia humana. Es cierto que hay diferentes razas, costumbres y religiones, si quieres ver diferencias, siempre las encontrarás. A pesar de ello, todos compartimos el mismo pequeño planeta y si los demás sufren, nosotros también acabaremos sufriendo. Si somos felices, los demás también se beneficiarán. En este aspecto nos hace falta un concepto de responsabilidad global, una responsabilidad universal.

Si pensamos más en los demás, se desarrollará la generosidad. Esta forma de pensar aporta más fuerza interior. Preocuparse por los demás te hace sentir que están bien. Por otra parte, si sólo piensas en ti mismo, en tu interior se perpetúa un sentimiento de que algo no es correcto. Sigues teniendo la sensación de que necesitas más y este tipo de sentimiento automáticamente provoca desconfianza, lo que a su vez trae más ansiedad e inquietud. La misma mente, con la misma preocupación por el dolor y el sufrimiento, sólo se preocupa de su propia insatisfacción y felicidad. Esto crea un vacío y el resultado es el miedo y la inseguridad. Pero la misma actitud respecto al dolor y sufrimiento ajeno aporta fortaleza interior. Preocuparse acerca de uno mismo fomenta más miedo y dudas. Y la duda y la desconfianza siempre van acompañadas de la inseguridad y la soledad.

Si quieres ser egoísta, sé astutamente egoísta. Si siempre estamos pensando en nosotros mismos, al final sufriremos más. Por eso hemos de pensar en los demás en nuestro propio beneficio. Si analizamos nuestra vida diaria y también la de nuestros vecinos, al final desarrollaremos algún tipo de convicción. Así, el altruismo beneficia a los demás y también nos aporta un inmenso beneficio a nosotros mismos.

Todo ser humano, culto o inculto, rico, pobre o con alguna discapacidad, posee el potencial de desarrollar algunas de estas cualidades humanas básicas. Desde el nacimiento todos tenemos el potencial para desarrollar estas buenas cualidades y valores humanos. Por consiguiente, hemos de hacer todo lo posible para incrementarlos y conservarlos con confianza. Por otra parte, el odio o la excesiva desconfianza no tienen valor, tampoco pueden traer buenos resultados. El odio o los malos sentimientos hacia tus vecinos no les dañará, ni les hará desconfiar, pero sí perjudicará directamente tu paz mental. Por ejemplo, si tienes un problema con un vecino, y quieres que éste sufra del mismo modo, no conseguirás ese objetivo, ni tampoco se verá colmado ese deseo; todo lo contrario: si albergas sentimientos negativos hacia tus vecinos, al final éstos acabarán destrozando tu sistema digestivo y tu mente, y te harán muy desgraciado. Tus hijos y pareja también sufrirán.

Por experiencia propia, cuanto más calmado estás, más puedes reflexionar sobre el altruismo y otras cosas buenas, así como ponerlas en práctica, y más te beneficias. Este estado mental, estas cualidades, son muy importantes y útiles para tener una vida feliz y éxito. Si reflexionas sobre estas líneas, cada vez te convencerás más de que la ira y el odio son muy malos para la salud y para tu vida. Una actitud compasiva y la generosidad no sólo son buenas para tu paz mental, sino también para tu salud. Desarrollar una conciencia clara de los aspectos positivos y negativos de estos pensamientos afecta a nuestra actitud y aporta la transformación de nuestra mente. Éste es un nivel de espiritualidad. Sé una persona de buen corazón, una buena persona. No importa si tiene sentido, nuestra existencia es una realidad. Es muy importante utilizarla con fines constructivos.

En el segundo nivel, el de los creyentes, quiero decir lo que ya he enfatizado muchas veces con anterioridad: que una vez has aceptado una fe religiosa, has de poner en práctica su enseñanza. Es decir, las enseñanzas o la fe deben formar parte de tu vida cotidiana. Si las practicas, a medida que vaya pasando el tiempo, año tras año, irá teniendo lugar una transformación gradual y obtendrás el verdadero beneficio. El mero hecho de recitar una oración o algunos *mantras* no tendrá mucho efecto. En el hinduismo y en el budismo es costumbre hacer ofrendas diarias a un ídolo como Ganesh, Buddha, Tara o Shiva. Se hace una ofrenda de frutas, flores o de incienso y se repite el nombre de Dios sin demasiada concentración. Del mismo modo, un mero *mantra* u oración no tendrá demasiado efecto.

Desgraciadamente, muchos devotos o creyentes realizan una *puja* diaria y no hacen nada más. Esto no basta. Hemos de profundizar en nuestra mente o conciencia. Sin eso, nuestra visión, nuestra vida o nuestra forma de pensar no puede cambiar.

Si aceptamos una religión en particular, hemos de ser muy serios y practicarla. Luego, al final, se producirá el verdadero cambio. Esto es muy importante. Veamos, por ejemplo, la comunidad tibetana. La mayoría de las personas son budistas, pero su forma de practicar es muy incorrecta debido a la falta de conciencia o conocimiento sobre el *dharma* búdico. Muchos indios también están en el mismo barco.

Muchos textos que se han traducido del sánscrito al tibetano son budistas. En estos textos budistas se hace referencia a bastantes textos filosóficos que pertenecen a tradiciones no budistas de la antigua India. Hay explicaciones del concepto de *moksha* y sobre cómo alcanzar esta meta mediante la meditación, *Samadhi* y *Vipassana*.

En los últimos treinta y ocho años que he pasado en la India, me he reunido con maestros religiosos y filósofos. Salvo unos pocos, todos parecen estar de acuerdo en que cuando aceptas tu tradición religiosa, el siguiente paso es el estudio, luego es esencial seguir poniéndola en práctica. En el estudio, uno no debería contentarse con recitar algún *mantra* u oración y pasar las cuentas de un rosario. Los grandes meditadores meditan sin rosario. Sencillamente observan su mente, analizan los fenómenos y reflexionan. Ésa es la forma adecuada. Incluso en las escrituras donde se menciona el yoga tántrico o de las deidades, la práctica principal es la meditación. Cuando uno se cansa, puede recitar *mantras*. La gente suele recitarlos sin meditar. Eso no sólo es incorrecto, sino que es insuficiente.

Una vez adoptas o aceptas una religión, has de ser serio y sincero. Sin embargo, si eres demasiado serio y de mente cuadrada, existe el peligro de que te conviertas en lo que se llama un fundamentalista. Si la religión no se practica adecuadamente, hay el peligro de creer que tu religión es la única y que todas las demás no valen nada, convirtiéndote así en un fundamentalista.

Quiero compartir mi visión sobre la armonía de las diferentes tradiciones. Yo soy budista y a veces me describo a mí mismo como un budista acérrimo, porque para mí el budismo es la mejor práctica, y sus explicaciones son muy lógicas. Realmente creo que eso es cierto para mí, pero no para todo el mundo. Las personas con distintas predisposiciones mentales necesitan otras religiones. Una religión no puede satisfacer a todos. Por lo tanto, en el plano individual es muy importante el concepto de tener una religión y una verdad. Sin él, no se puede desarrollar una fe genuina y seguir sus normas fielmente. En lo que a la comunidad se refiere, es evidente que necesitamos aceptar el concepto de la existencia de varias religiones y verdades: el pluralismo. Es necesario y pertinente. Es la forma de superar las contradicciones entre varias religiones y verdades, y una religión y una verdad. Creo que uno ha de profesar una religión y una verdad individualmente, pero en el plano colectivo ha de aceptar las distintas religiones y verdades. De otro modo es muy difícil solventar este problema.

Decir que todas las religiones son iguales es una hipocresía. Las diversas religiones tienen visiones distintas y diferencias fundamentales. Pero eso no importa, puesto que todas las religiones son para ayudar a crear un mundo mejor donde los seres humanos sean más felices. En ese sentido, creo que mediante las diferentes explicaciones y enfoques filosóficos, todas las religiones tienen la misma meta y el mismo potencial. El concepto del creador y de la autocreación, por ejemplo. Hay grandes diferencias entre ambas, pero creo que el propósito es el mismo. A algunos, el concepto del creador les da mucha fuerza para inspirarles el desarrollo de la autodisciplina y convertirse en buenas personas llenas de amor, perdón y devoción hacia la verdad última, el Creador o Dios.

El otro concepto es la autocreación: si alguien quiere mejorar, es responsabilidad suya hacerlo. Sin el propio esfuerzo, no se puede esperar que suceda nada bueno. El futuro depende por completo de uno mismo: es autocreado. Este concepto tiene mucha fuerza para animar a una persona a que sea buena y honesta. Como veis, los dos enfoques, siendo bien distintos, tienen la misma meta.

Muchos conocéis las Cuatro Nobles Verdades, las famosas enseñanzas del Buddha. Ésta es la base del *dharma* búdico. Desgraciadamente, muchos budistas creen que los tres *yanas*: el Mahayana, Hinayana y Vajrayana son incompatibles. Eso no es cierto.

En los años treinta, cuarenta y cincuenta, algunos eruditos occidentales describieron el budismo tibetano como lamaísmo, lo que implicaba que el budismo tibetano no era puro, que de algún modo estaba contaminado. Las tradiciones Hinayana o Theravada son la base del *dharma* búdico. Las Cuatro Nobles Verdades, los Treinta y siete Aspectos de la senda de la Iluminación y los tres adiestramientos superiores (en moralidad, concentración y sabiduría o introspección) son la esencia y la base de la enseñanza Theravada o Hinayana. Sin esto, ¿cómo se puede practicar el Mahayana?

A veces, los que siguen la tradición Mahayana sienten que tienen el gran vehículo y miran despectivamente la enseñanza Hinayana. Creo que eso está muy mal. Por otra parte, algunas personas de la tradición Hinayana creen que la escuela de pensamiento Mahayana está contaminada y no forma parte de la verdadera tradición budista. También creo que eso es muy incorrecto. Sin la enseñanza Mahayana, es muy difícil comprender el *nirvana* o *moksha*. Sin comprender la vacuidad, el concepto de *shunya*, es extraordinariamente difícil entender la posibilidad o el concepto de *nirvana*. Por supuesto, se puede decir que, dado que el Buddha afirmó que había un *nirvana* y lo alcanzó, éste existe. Este tipo de fe ciega está bien, pero sólo mediante la meditación analítica repetida, el examen de la función y la naturaleza de la mente, la realidad de los fenómenos y la naturaleza de las emociones negativas podemos llegar a desarrollar *moksha* o *nirvana*.

Sin las explicaciones detalladas de los seis grandes maestros de la India –Nagarjuna, Aryadeva, los dos supremos maestros del Vinaya y otros–, es difícil comprender el concepto de *nirvana* o *nirodha*. Todos estos maestros pertenecen a la tradición Mahayana, practican el Vinaya, son buenos *bhikshus* y propagan las enseñanzas del Mahayana.

Algunas personas creen que el Hinayana, Mahayana y el Tantrayana son una especie de desarrollo histórico o cronológico, pero como budista no estoy de acuerdo con esto. Si queremos una comprensión convencional sobre la evolución de estas enseñanzas, se puede hacer una lectura histórica de los distintos *yanas*.

Las enseñanzas Mahayana son una hermosa tradición budista, pero sin la práctica de la enseñanza budista básica del Hinayana, no se puede ser un verdadero budista. Así que hemos de practicar la doctrina Hinayana como base y luego la de los *Sutras* del Mahayana, concretamente, los del altruismo infinito que se desarrolla paso a paso a través de ciertas técnicas. Asimismo, el Vajrayana utiliza la doctrina del Hinayana como base, la del Sutrayana mahayánico en segundo lugar y la del Vajrayana como tercer componente. Éste es el camino del verdadero practicante vajrayánico. Sin los dos *yanas* anteriores, el Tantrayana no sería más que un nombre. La utilización de impresionantes vestimentas, la realización de rituales y recitación de *mantras* no es lo que caracteriza al verdadero practicante del Vajrayana. Por supuesto, siempre hay algunas excepciones, pero en general ésta es la línea básica del *dharma* búdico. Cuando nos referimos al mismo, es muy importante hacerlo según esta línea básica.

Tal como he dicho antes, referirse al budismo tibetano como lamaísmo es incorrecto porque no fue inventado por los lamas tibetanos. Cada vez que llegamos a un tema importante, siempre citamos a algún maestro indio de confianza. Este método de autentificación de un asunto o tema en particular por medio de citar textos indios como la autoridad última es tan aceptado que en algunos casos ciertas visiones son refutadas con el pretexto de que no se hace ninguna referencia a las mismas en ningún texto indio auténtico.

Un maestro tibetano explicó el texto de uno de los maestros indios que hacían mención del Tibet como la Tierra de las Nieves, por la blancura de sus montañas. No obstante, sin la luz de los maestros indios, el Tibet todavía seguiría en la oscuridad a pesar de la blancura de su nieve. Estos grandes maestros indios fueron los que verdaderamente abrieron la mente tibetana.

Los comentaristas tibetanos parecen haber desarrollado una tradición hermenéutica muy sofisticada para poder comprender y leer estos textos clásicos de la India, así que siempre que se comenta un texto clásico indio se realiza un enfoque comparativo que une los distintos puntos que se estén tratando y los debates en los que se exponen diversas opiniones para llegar al fondo del asunto. El polifacético enfoque hermenéutico en la tradición tibetana de los comentarios es evidente. Todos estos maestros realizaron una gran contribución. Sin embargo, los pilares de todas estas grandes obras fueron cultivados por los maestros indios. Siempre los considero como mis maestros. De modo que el concepto de que el budismo tibetano es lamaísmo no es correcto. El budismo tibetano es en realidad las genuinas enseñanzas del Buddha, que probablemente fueron combinadas en distintos períodos hasta que al final llegaron al Tibet como un solo cuerpo de escrituras. Por consiguiente, el budismo tibetano es la forma completa del *dharma* búdico.

Suelo describir la esencia del *dharma* búdico en dos frases: si puedes ayuda a los demás, sirve a los demás. Si no puedes, al menos evita hacerles daño. El tema básico de la enseñanza Theravada es la autoliberación. Por supuesto, *karuna* (compasión) también está presente, aunque no es obligatoria. La meta principal es la autoliberación, a la vez que sirves a los demás todo lo que puedas. La esencia es: no perjudiques a los demás. En el Mahayana se hace hincapié en el altruismo o en la *Bodhicitta* (el deseo de alcanzar la budeidad para servir o ayudar a los otros seres vivos). Esa clase de mente búdica es el principal mensaje o práctica. De ahí que *mahakaruna* (la gran compasión) sea imprescindible. Ésta es la causa básica del altruismo. No importa lo que te suceda, es necesario ayudar y servir a los demás.

Para ayudar a los demás o evitar herirles, tiene que haber alguna razón. Sin una razón no tiene sentido. Tiene que haber una razón por la que tengamos que practicar *ahimsa* (la no-violencia) y por la que hemos de servir a los demás o evitar perjudicarles. La razón para iniciar una forma de vida no violenta, en la que evitamos hacer daño a los demás o donde practicamos el altruismo es el reconocimiento de la naturaleza interdependiente de la realidad.

Las enseñanzas budistas hacen referencia a tres grados o sentidos de interdependencia. Uno es la comprensión del fenómeno de la interdependencia en términos de causas y condiciones; de modo que la dependencia es en el sentido de dependencia causal. La segunda dependencia es en términos del concepto de la parte y el todo, en el sentido en que cada fenómeno está compuesto por las partes que lo constituyen. El tercer grado es el modo en que comprendemos la relación y la base de designación.

Nuestros sufrimientos y placeres están relacionados con sus propias causas y condiciones. Puesto que deseamos felicidad y no queremos sufrir, hemos de encargarnos de las causas y condiciones que provocan los sufrimientos y los placeres. Al ayudar a los demás, y por medio de dar, experimentamos más placer y más comodidad. Si infligimos dolor a los demás, la consecuencia será que también sufriremos.

Nuestras experiencias felices no son producto de sólo un factor, sino que dependen de muchos. Por lo tanto, hemos de encargarnos de todos estos factores distintos. Cuando tenemos una comprensión más profunda de las enseñanzas budistas sobre la interdependencia, de que incluso un único acontecimiento tiene múltiples causas y condiciones que contribuyen a que suceda, entonces tendremos una verdadera base filosófica para una perspectiva ecológica, el respeto por las leyes naturales del entorno. El concepto de interdependencia nos ayuda a ampliar nuestra visión. Automáticamente nos hace conscientes de la importancia de las relaciones de la causalidad, que a su vez aportan una visión más holística.

Ahimsa o la no-violencia no sólo es no perjudicar a los demás, también es un acto de compasión. La teoría de la interdependencia es muy importante a medida que uno amplia su perspectiva. En la India, las distintas escuelas filosóficas se desarrollaron basándose en la interpretación de las enseñanzas del Buddha sobre la interdependencia. Una comprensión mecánica cuántica del universo físico parece apuntar a algún tipo de relación entre el observador y lo observado, y cómo los procesos del observador parecen causar un impacto en el fenómeno observado, que una vez más recuerda el discurso Madhyamika sobre la naturaleza de la realidad.

Mediante el proceso analítico o examen filosófico de la Madhyamika, llegamos a un punto en el que sentimos que es necesario apreciar la disparidad entre apariencia y realidad. La Madhyamika habla de los fenómenos como ilusorios. Por consiguiente, según dicha escuela, todos los fenómenos están desprovistos de verdadera existencia y realidad sustancial. No obstante, hay diferencias entre los distintos intérpretes o eruditos indios cuando tratan de interpretar esta gran visión de Nagarjuna.

La tradición tibetana ve a Nagarjuna como el fundador de la escuela Madhyamika o de la filosofía de la vía intermedia. Aryadeva, el principal discípulo de Nagarjuna, fue el sucesor de su linaje de enseñanzas. Arya Asanga es considerado en la tradición tibetana como el fundador de la escuela Cittamatra o "sólo-Mente" de la filosofía india, y Vasubhandu fue su sucesor y el gran defensor de la escuela de budismo indio "sólo-Mente".

Lo común para estas dos grandes escuelas del budismo Mahayana indio –la escuela de la vía intermedia Madhyamika y la escuela "sólo-Mente" Cittamatra–, es la aceptación o reconocimiento de vital importancia de las escrituras mahayánicas y concretamente de los *Sutras* de la *Prajnaparamita (La perfección de la sabiduría)*. Cuando los madhyamikas interpretan tales expresiones y afirmaciones en el Paramitayana, donde se dice que el Buddha afirmó que todos los fenómenos carecen de naturaleza propia o de existencia intrínseca, se entiende en términos de la naturaleza interdependiente de la realidad. De algún modo, la naturaleza interdependiente de la realidad se utiliza como una razón para deducir esta ausencia de existencia independiente o naturaleza propia. Dicho con otras palabras, presentan los *Sutras* de la *Paramita* o las enseñanzas sobre la vacuidad en términos del origen interdependiente o de interdependencia.

Según la tradición tibetana, se cree que Nagarjuna nació cuatrocientos años después del Buddha, y Arya Asanga unos novecientos años después. En algunos *Sutras* se hace referencia a Arya Asanga como a un ser altamente realizado que había alcanzado el tercer *bhoomi* o el tercer grado de *bodhisattva* de la realización espiritual. Según la tradición tibetana, se cree que Arya Asanga fue el defensor de la tradición Madhyamika de Nagarjuna, y la razón para que éste iniciara un nuevo linaje de budismo Mahayana es que, según la interpretación de Nagarjuna de las escrituras de *La perfección de la sabiduría*, él vio que algunas personas tienen la tendencia a una comprensión un tanto nihilista de los *Sutras* del Mahayana.

Por consiguiente, en lugar de aceptar la afirmación de que todos los fenómenos carecen de existencia intrínseca, Arya Asanga desarrolló una nueva interpretación que permitió a los practicantes acercarse a las escrituras del Mahayana, sin dejar de aceptar la validez de la enseñanza del Buddha de que todos los fenómenos están desprovistos de existencia intrínseca. La interpretación es que la ausencia de realidad intrínseca es comprendida de forma distinta según el contexto; en el sentido de que se dice que todos los fenómenos dependientes no tienen un proceso independiente de producción; y que todos los fenómenos atribuidos y claramente establecidos como tales carecen de realidad intrínseca. La cuestión es que Arya Asanga desarrolló una interpretación de las escrituras mahayánicas que difería de la visión de Nagarjuna.

Arya Asanga interpretó la afirmación del Buddha de que todos los fenómenos carecen de existencia intrínseca en términos de lo que es conocido como la teoría de las tres naturalezas, de que todos los fenómenos poseen tres naturalezas: la naturaleza dependiente, la naturaleza atribuida y la consumada. Explicó estas tres naturalezas como diferentes formas de estar desprovisto de existencia real. Arya Asanga no sólo desarrolló este nuevo enfoque de las escrituras del Mahayana, sino que también fundó su interpretación en las propias palabras del Buddha. Por ejemplo, en la escritura mahayánica conocida como *Samdhinirmochana Sutra*, el *sutra* que desvela el pensamiento del Buddha es utilizado como texto principal para establecer la autenticidad y la validez de la interpretación de Arya Asanga sobre las escrituras del Mahayana.

En esta teoría de las tres naturalezas, la segunda es la naturaleza atribuida, y la ausencia de existencia intrínseca se entiende en términos de la naturaleza atribuida carente de cualquier característica que la autodefina. En general, se puede decir que la naturaleza atribuida es de dos clases. Puede haber ciertos tipos de atribución, que son meras fantasías y no tienen una base en la realidad y hay otros tipos de atribución que pueden ser una forma de etiqueta, pero tienen algún fundamento real.

La primera naturaleza es la dependiente y esta misma idea sugiere que los fenómenos o acontecimientos existen a raíz de las fuerzas de otros factores. De modo que la naturaleza dependiente no es de producción independiente. La interpretación de Arya Asanga sugiere que es el fenómeno atribuido el que carece de características que lo autodefinan; pero la naturaleza dependiente y la consumada sí poseen cierto grado de características propias o naturaleza intrínseca. Esta interpretación de los *Sutras* de la *Prajnaparamita* que es ilustrado por los cittamatras conduce al practicante o al pensador a tales profundidades de su análisis sobre la comprensión de la naturaleza de la realidad que llegado cierto punto la persona empieza a perder la concreción del mundo exterior. Por consiguiente, los cittamatras han llegado a la conclusión de que el mundo exterior que percibimos es ilusorio y que carece de la concreción que proyectamos. Así pues, el mundo material o externo, el reino físico, en el sentido más elevado, no es más que una extensión de nuestra mente, una proyección, que al final conduce a la postura en que se niega su concreción y realidad. Es muy importante para esta escuela comprender cómo surge la percepción del mundo exterior. Si el mundo exterior que nosotros percibimos es ilusorio, ¿cómo empezamos a percibir la concreción o realidad de dicho mundo? Aquí es donde para esta escuela es esencial ofrecer una explicación de este proceso, y de ahí que, en el discurso de la Cittamatra, hallamos muchas explicaciones sobre la función y naturaleza de la mente, especialmente sobre cómo surgen las percepciones. Éstas son argumentaciones sobre cómo aparece la percepción del mundo exterior a raíz de la activación de distintas improntas que se encuentran en un tipo de conciencia en particular, que ellos llaman "conciencia fundacional" o *alayavijana*. De modo que la escuela Cittamatra no sólo habla de los seis tipos de conciencia –las cinco facultades sensoriales, además de la facultad mental–, sino que también habla de la conciencia fundamental o la conciencia almacenada fundamental.

Por eso, para esa escuela es importante comprender cómo empieza el proceso de percepción y de qué modo la conciencia almacenada fundamental es donde se depositan las múltiples improntas que se han guardado a raíz de nuestras experiencias cognitivas y emocionales. Es importante dar algún tipo de explicación sobre la clase de improntas que han quedado en la conciencia almacenada. Los cittamatras hacen referencia a un tipo concreto de impronta que denominan de la uniformidad. Esta impronta se supone que explica cómo afloran los sucesivos ejemplos de percepción del mundo material. Por ejemplo, si percibimos un objeto azul, dicha percepción puede continuar hasta cierto punto, de modo que las sucesivas muestras de dicho objeto, se dice que son fruto de la activación de las huellas almacenadas en la conciencia.

La escuela Cittamatra clasifica distintos tipos de improntas, como las improntas del lenguaje y la formación de hábitos; y sobre esta base explican por qué percibimos un objeto azul, entonces surge el concepto de "azulidad"; o la razón por la que la etiqueta "azul" tiene una relación intrínseca con el objeto, y este tipo de percepción se dice que surge a raíz de experiencias sucesivas que tenemos por usar el lenguaje de la "azulidad". Por ende, las improntas del lenguaje y la formación de hábitos dan como fruto este tipo de percepción.

Los cittamatras hablan de un tercer tipo de impronta que se dice que está formada por nuestro hábito de aferrarnos o apegarnos a algo concreto. Debido a esto cuando percibimos un objeto azul, no sólo vemos algo azul, sino que percibimos una estrecha relación entre nuestra percepción del azul y del objeto azul que vemos. Sentimos que hay algo objetivamente real acerca del objeto azul que justifica el uso del término. En realidad, el lenguaje y el término que usamos para describir ese objeto, en cierto sentido es arbitrario; es una etiqueta, un símbolo. Pero no es así como nos sentimos cuando nos confrontamos con un objeto azul.

Cuando nos confrontamos con un objeto azul, tenemos una sensación intuitiva de que realmente es azul y algo objetivamente real acerca del mismo nos obliga a usar el lenguaje de la "azulidad". Esta clase de percepción errónea es el resultado de lo que los cittamattras denominan hábitos e improntas formados por nuestra larga habituación a aferrarnos y a la objetividad.

En realidad, esa objetividad azul no tiene base o fundamento para ser el referente del término azul, y esta relación entre el símbolo y el significado es de algún modo arbitraria. Por consiguiente, los cittamatras consideran que esa relación es una mera convención. Por ello arguyen que la atribución de la "azulidad" a ese objeto carece de realidad objetiva y sustancial. Pero eso no quiere decir que esa atribución no exista. La creencia de que el objeto azul es objetivamente real y de que en algún sentido también sea el verdadero referente del término "azul" y del concepto de la "azulidad", es pura fantasía. Esta creencia es la clave de la refutación de esta escuela. De modo que los cittamatras arguyen que el hecho de que tengamos esta percepción errónea es muy evidente, porque si alguien nos pregunta lo que es un objeto azul, señalaremos un objeto azul y diremos "esto es azul". Esto indica que en nuestra comprensión normal del mundo no nos desenvolvemos en él como si el término "azul" o el concepto de la "azulidad" fueran un mero símbolo o etiqueta, sino que actuamos como si tuvieran algún valor intrínseco, alguna relación última entre el objeto y el término o etiqueta. Este método de comprensión es ilusorio y los cittamatras arguyen que aferrarse a esa clase de creencia es la causa de nuestra confusión respecto a la naturaleza de la realidad, que esto es falso y que estos términos y etiquetas no se relacionan con el objeto en un sentido objetivo. Este método de comprensión constituye una verdadera visión profunda en la naturaleza última de la realidad y es en estos términos que los cittamatras explican y comprenden las enseñanzas del Mahayana sobre la vacuidad.

Por consiguiente, en las escrituras y comentarios del Mahayana, los cittamatras o los filósofos de la sólo-Mente se relacionan con el mundo y con la realidad con lo que conocemos como las Cuatro Búsquedas. Una es la búsqueda de las etiquetas o términos, en busca de una verdadera referencia. La siguiente es la búsqueda del significado de los términos y de los conceptos; la tercera es la búsqueda de la naturaleza o existencia del fenómeno, y la cuarta es la búsqueda de las características que lo autodefinen. Es mediante la indagación en estas cuatro dimensiones diferentes del fenómeno que los cittamattras llegan a la comprensión de la verdadera visión que describen como mera conciencia o "sólo-Mente".

En resumen: según los *Sutras* del Mahayana, el concepto de *shunya* conlleva la herramienta clave: una según la Cittamatra y otra según la Madhyamika. Estos dos conceptos diferentes de *shunya* son considerados muy importantes y también muy complicados. Toda la enseñanza del Vajrayana se basa en la comprensión de la teoría *shunya* y es de vital importancia tener alguna experiencia o comprensión de la misma, ya sea según la Cittamatra o la Madhyamika. Por supuesto, si analizamos distintos puntos de vista, descubrimos que preferimos el concepto Madhyamika. Sin el concepto *shunya*, es muy difícil o no sirve de nada tener una deidad o intentar visualizarse uno mismo como tal. Por lo tanto, para practicar el Vajrayana has de practicar la *Bodhicitta* y tener alguna idea de lo que es *shunya*. Cuando se combinan ambos, la deidad se vuelve muy poderosa y eficaz.

¿Cómo pueden el nirvana y el samsara ser iguales?

Si uno ha desarrollado una comprensión profunda de las enseñanzas de la no sustancialidad de todos los fenómenos, entonces, como es natural habrá llegado a la comprensión no sólo del *nirvana* y del *samsara,* sino de la idea de que en último término todos los fenómenos poseen uniformidad. Todos ellos son no sustanciales, carecen de realidad intrínseca. De modo que desde esta perspectiva, tal como afirma Nagarjuna, si uno comprende la verdadera naturaleza del *samsara*, también tendrá una verdadera visión profunda del *nirvana* y viceversa. Por lo tanto, no debemos dar una falsa lectura a la afirmación de Nagarjuna, en la creencia de que, en realidad, podría estar diciendo que este *samsara*, el estado de existencia no iluminada en el que nos encontramos, es en verdad lo mismo que el *nirvana*, el estado iluminado.

¿Cómo sabemos que hay un espíritu y que el ser humano renace según el karma?

En el budismo la teoría del renacimiento no se explica en términos de *karma*. Ésta debe ser entendida basándonos en nuestra comprensión de la naturaleza de la causalidad, porque según el budismo todo acontecimiento ha de ir precedido de unas causas y condiciones. Por lo tanto, incluso un único hecho cognitivo –por ejemplo, de conciencia o de mente– ha de tener causas y condiciones; y por ello mediante este proceso podemos trazar el continuo de la conciencia que no tiene principio. Una vez hemos desarrollado ese tipo de comprensión del proceso causal, la teoría del renacimiento se desarrolla de forma natural según ese tipo de entendimiento causal.

Ahora bien, ¿dónde encaja el *karma* en relación con la teoría del renacimiento? Éste determina el tipo de nacimiento que pueda tener una persona. El buen *karma* produce un nacimiento favorable y el negativo uno desfavorable. Por supuesto, hemos de comprender que cuando estamos hablando de *karma*, estamos hablando de un caso del proceso causal, el *karma* es parte de ese proceso. Cuando hablamos del *karma* no sólo nos estamos refiriendo a un acontecimiento, sino a un hecho que implica un agente, un hacedor, un acto. El *karma* es un acto realizado por un agente, un ser con una motivación, que determina la causa de ese proceso.

Tras discutir con alguien, ¿cómo superas el sentimiento de que tú tienes razón y que el otro está equivocado? ¿Cómo superar los sentimientos negativos hacia otra persona cuando te ha ofendido intencionadamente?

En lo que respecta a la segunda parte de la pregunta, te recomiendo que leas el capítulo sobre la paciencia en el *Bodhisattva Charya Avatara* de Shantideva.

No obstante, me gustaría señalar que cuando hablamos sobre cultivar la paciencia y la tolerancia con alguien que nos ha ofendido sin razón no estamos hablando de ceder ante las ofensas, ni tampoco de aprobar las acciones de otra persona. Es importante comprender que la paciencia no significa un rendimiento o mansedumbre, sino que la paciencia es una postura consciente y voluntaria que uno adopta de no tomar represalias contra la persona que te ha ofendido. Es un estado activo, más que un estado de mansedumbre, y en algunos casos, ciertas acciones y ofensas realizadas por los demás pueden requerir fuertes medidas de represión. Pero incluso estas medidas pueden adoptarse tomando como base la paciencia y la tolerancia. Una vez te empiezas a dar cuenta de la multiplicidad de puntos de vista y de perspectivas y la complejidad de los temas, ya no es necesario aferrarse a una opinión en la convicción de que es la verdad.

Por supuesto, puede haber casos en que ambas partes tengan visiones o posturas diametralmente opuestas. Por ejemplo, la disputa entre los filósofos de la escuela sólo-Mente y los de la vía intermedia (Madhyamika) en términos de su interpretación de la naturaleza última del fenómeno. La cuestión es si todos los fenómenos carecen de existencia intrínseca o si algunos de ellos sí la tienen. Por supuesto, en esto, los cittamatras adoptan una visión, mientras que los madhyamikas adoptan otra, y en algún sentido estas dos opiniones son diametralmente opuestas. En tales casos, uno puede contemplar la disputa desde la perspectiva de las finalidades a las que sirven ambos puntos de vista: cómo una visión es útil a la inclinación filosófica de algunas personas y la otra a la tendencia filosófica y a la búsqueda de otras. Entonces el hecho de que tengan distintos propósitos puede mitigar el apego a una postura.

¿Cómo podemos equilibrar la protección del medio ambiente

con las necesidades humanas, como la deforestación que provoca la muerte de muchos organismos, pero sin que la gente muera?

Los conflictos y las contradicciones son los que en cierto sentido nos hacen seres humanos. En la práctica éste es un tema complicado. En la India, por ejemplo, la situación económica es muy mala y está muy difícil, sobre todo en las zonas rurales y en la cordillera de los Himalaya, donde las personas dependen tanto del bosque para su supervivencia. De modo que si no les damos otra alternativa, es muy difícil detener estas cosas. Hemos de progresar en tener una visión más amplia, porque hay muchas cosas interrelacionadas. Por ejemplo, la planificación familiar es de suma importancia, creo que es necesario un enfoque holístico.

Me gustaría saber cómo pueden ayudar a un estudiante la escuela Mahayana y la Hinayana.

Para un estudiante del budismo es necesario estudiar estas enseñanzas y ponerlas en práctica paso a paso. En la tradición tibetana así lo hacemos mientras estudiamos y practicamos las enseñanzas. Aunque algunas personas no las pongan en práctica de inmediato, el plan general ha de estar muy claro: esta práctica es para hoy, ésta viene después, y así sucesivamente, de modo que tenemos registrado mentalmente todo el proceso.

En mi sociedad se espera que mida mi éxito en términos materiales. Si en lugar de ello lo hago en términos de compasión y de paz interior, se me considera un idiota. ¿Cómo puedo hallar la paciencia y la autodisciplina para superar la frustración y la duda que me provoca esto?

La sociedad tiene la costumbre de juzgar el éxito de las personas por su bienestar material, pero me gustaría señalar que aunque exista este tipo de perspectiva convencional, no significa que ésta sea válida, porque por experiencia sabemos que en este momento de la historia nosotros, los miembros de esta generación, estamos sufriendo las consecuencias negativas de muchas de las llamadas sabidurías convencionales de generaciones pasadas.

No hace mucho tuve el placer de participar en una gran conferencia en América que trataba sobre cómo hacer frente a varios problemas sociales a los que, concretamente las sociedades ricas, se enfrentan hoy en día. Los participantes eran de diferentes organizaciones sociales de la salud y del bienestar social. Se llegó al consenso en que una de las principales causas de los problemas sociales era la falta o la cantidad inadecuada de compasión y de humanidad de la comunidad. Estoy convencido de que, a raíz de estas experiencias y de las visiones a las que se ha llegado gracias a personas de diferentes círculos sociales, paulatinamente despertará en nosotros la idea de que es de suma importancia cultivar en la sociedad el valor de muchas de las cualidades internas de los seres humanos.

¿Qué es lo que más feliz hace a Su Santidad?

¡Dormir bien y comer bien!

No prestes sólo atención a cultivar el conocimiento, sino a cultivar también las cualidades del corazón, así al final de la educación no sólo tendrás conocimiento, sino que serás una persona de buen corazón y compasiva.

MODERN SCHOOL, BARAKHAMBA, 1997

VI. LAS DOS VERDADES

La primera mitad de mi charla será una explicación académica del significado de la verdad y la otra mitad tratará sobre cómo ponerla en práctica en nuestra vida basándonos en toda la filosofía y el sistema de verdad.

El quid de la cuestión es que todos somos seres humanos queremos ser felices y evitar sufrir. Desde ese punto de partida, intentamos investigar la naturaleza de la verdad externa e interna. Hay diferentes clases de filosofías y sistemas de enseñanza en la sociedad humana, y el budismo es una de ellas. Tenemos tantas filosofías distintas que una sola no podría satisfacer a toda la humanidad; ésta es la razón por la que hoy en día tenemos tantos sistemas de enseñanzas espirituales. Es muy importante tener varios sistemas de enseñanzas que se adapten a todo tipo de personas.

Como seguidor del Buddha, he aprendido unas cuantas cosas. Pero sigo aprendiendo y ampliando mi conocimiento. No soy un erudito, sino un monje budista que intenta sinceramente seguir su fe en su vida cotidiana. Especialmente cuando me enfrento a un problema, esta enseñanza me es muy útil para conservar mi estabilidad mental. Estas enseñanzas me dan flexibilidad y fuerza interior. De modo que cuando alguien me pide que explique estas filosofías o enseñanzas considero que tengo la responsabilidad y el deber de intentar hacerlo.

El budismo reposa sobre dos pilares básicos: si encuentras algo de utilidad en estas enseñanzas, has de estudiarlas e intentar ponerlas en práctica en tu vida diaria; si no encuentras nada que te parezca importante, debes dejarlas. La mayoría conocéis las Cuatro Nobles Verdades (la verdad de la insatisfacción, la verdad de la causa de la insatisfacción, la verdad del cese de la insatisfacción y la verdad del camino para conseguirlo). Son la base del budismo. La meta de todo ser vivo es la felicidad, la felicidad duradera. Es maravilloso alcanzar esa felicidad y vale la pena. Eso significa que ya no hay más insatisfacción, que hay paz y satisfacción duradera. Por lo general, tras un momento de felicidad y de placer, surge algún problema. Esa clase de placer no es permanente. De ahí, que las Cuatro Nobles Verdades sean importantes. Puesto que no queremos sufrir, es esencial investigar las causas.¿Es posible eliminarlas? Si es así, vale la pena el intento. De lo contrario, no tiene sentido molestarnos en probar. La Tercera Noble Verdad es la del cese (lo que denominamos *nirvana* o *moksha*). Si en realidad es posible llegar al cese de las causas de la insatisfacción, entonces será necesario hallar formas y medios de purificar la mente o de eliminar las causas del sufrimiento. Ésa es la Cuarta Verdad.

Esto también indica la ley de causa y efecto y de la interdependencia, que es la base de *shunya*. La teoría de *shunya* se basa en la idea de que las cosas son interdependientes. Puesto que todo posee diferentes aspectos, y si los comparas descubrirás que todas las cosas están relacionadas. Su naturaleza es relativa y la vacuidad hace referencia a su naturaleza esencial. De modo que existe la posibilidad de crear cosas nuevas y éstas cambiarán puesto que las cosas dependen de otros factores. Si las cosas existen por ellas mismas, entonces no hay modo de que puedas hacer ningún esfuerzo para conseguir una experiencia o una meta nueva. Si las cosas son absolutas, no hay modo de hacer cambios. Ésta es la esencia de las dos verdades.

También está el giro de las tres ruedas de la doctrina. En la primera rueda, el Buddha enseñó las Cuatro Nobles Verdades. Para las personas más disciplinadas y con una conducta más pura, enseñó los *Sutras de la perfección de la sabiduría*, que contienen principalmente la enseñanza sobre la vacuidad. Sin embargo, según el modo en que sea interpretada la filosofía que subyace a esa enseñanza, surgen los dos principios: la escuela Cittamatra y la Madhyamika.

En el último giro de la rueda de la doctrina, el Buddha hizo hincapié en cómo purificar las ilusiones de la mente. En otras palabras, la mente tiene una claridad que sirve para desarrollar esa doctrina de forma holística. Las Cuatro Nobles Verdades fueron enseñadas junto con los dieciséis aspectos. Las características del aspecto de la verdad de la insatisfacción son la impermanencia, el sufrimiento, la vacuidad y el egoísmo. En general, todos los budistas aceptan esta enseñanza y la de los Cuatro Sellos. Los Cuatro Sellos son: todas las cosas condicionadas son impermanentes, todas las cosas contaminadas son insatisfacción; los fenómenos carecen de identidad y están vacíos; el *nirvana* es paz.

Al hablar de la falta de identidad de los fenómenos, surgieron las cuatro escuelas según las diferentes perspectivas. Son la Vaibhashika, Sauntantrika, Cittamatra y Madhyamika. Todas ellas presentan las Dos Verdades, pero la Vaibhashika y la Sauntantrika las aceptan como si fueran diferentes entidades.

Según la Vaibhashika, la verdad convencional significa cualquier fenómeno que no puede conservar su identidad tras su desintegración. Pero si después de haberse difuminado mentalmente o desintegrado físicamente, el fenómeno puede conservar su identidad, entonces ésa es la verdad última. Por ejemplo, el micrófono es una verdad convencional, y si separamos las distintas piezas que lo constituyen su entidad se pierde. Pero cuando llegamos a la naturaleza sutil de este instrumento en particular, no podemos dividirlo o sacar su núcleo. Esta naturaleza específica es a la que se hace referencia como "última". Según este sistema, acepta la partícula sin partes, y en lo que a la conciencia se refiere, acepta la conciencia como momentáneamente sin partes.

Según la Sautantrika, la verdad convencional es aquella que no puede funcionar en último término, mientras que la verdad última sí puede. Por ejemplo, una flor es la verdad última según este sistema porque una flor está producida por causas y condiciones y también puede provocar un efecto. Por consiguiente, si es capaz de producir un efecto, se denomina funcional.

Puesto que este objeto en particular –la flor– no es otra cosa que una flor, tiene todas las cualidades contrarias de no ser otro fenómeno. Por eso, esa cualidad particular es una mera interpretación mental y esta interpretación de la cualidad de esa flor es lo que se denomina verdad convencional. Según los sistemas sólo-Mente y Madhyamika, las Dos Verdades tienen la misma entidad, pero son diferentes. Dicen que incluso aunque sean entidades distintas, si te familiarizas con la verdad convencional y última de cualquier objeto en particular, ésta no podrá dañar el objeto de la negación que es el verdaderamente aprehensible o autoaprehensible, porque el sujeto y su naturaleza son una entidad distinta. Por lo tanto, la entidad distinta del sujeto y del objeto no se puede aceptar.

Aunque la entidad de la verdad convencional y de la verdad última sea la misma, las Dos Verdades son diferentes. Si fueran iguales sería como decir que si uno realiza y comprende correctamente un fenómeno en particular como un pote, entonces la verdad última o la vacuidad del pote también sería realizada directamente. Si seguimos el sistema propuesto en la escuela Cittamatra, sin duda explica la presentación de estas dos verdades de la naturaleza, pero según la Madhyamika esta explicación no es perfecta, pues no establece las cualidades de la identidad como vacía.

Según la escuela Madhyamika, todo tema o fenómeno posee dos cualidades: su cualidad convencional y su cualidad última. Es decir, tiene una cualidad temporal y una duradera, real o permanente. Estas dos cualidades están inevitablemente presentes en un objeto y tienen algo de entidad. Cuando los exponentes de las escuelas sólo-Mente o Cittamatra explican las Dos Verdades, empiezan por explicar las tres características o signos y basan en ello sus explicaciones sobre las mismas.

La finalidad de explicar las Dos Verdades es que estamos bá-

Las Dos Verdades

sicamente confundidos e ignoramos la realidad. A fin de identificar esa ignorancia y de erradicar esa confusión, se ha de conocer la verdadera naturaleza de los fenómenos. De ahí, que las Dos Verdades desempeñen un papel importante para comprender la realidad.

Según la escuela sólo-Mente, todos los fenómenos se pueden clasificar en tres categorías: fenómenos dependientes, fenómenos atribuidos y fenómenos plenamente establecidos. El fenómeno dependiente se convierte en la base de designación, y se basa en este fenómeno dependiente debido a la conceptualidad y a la impronta que ha quedado en la mente desde tiempos inmemoriales. Uno consigue la tendencia de comprender los fenómenos como una existencia externa y sustancial ajena a la mente. Pero esta forma de contemplarlos es incorrecta. En realidad su naturaleza es no-existencia. Dicho de otro modo, el fenómeno que ante nuestros ojos nos parece externo es de la misma sustancia que la mente. El sujeto-mente y el objeto realizado por la mente son de la misma sustancia. Captar y comprender la mente y el objeto como hechos de sustancias distintas es incorrecto. Es el objeto de la negación; no existe esta existencia. Tal existencia está vacía. La vacuidad aquí significa la falta de separación sustancial entre la mente y el objeto. Por consiguiente, esta cualidad de falta de separación sustancial de la mente y el objeto caracteriza la cualidad de la base de designación del fenómeno dependiente.

Según esta escuela, la verdad última es algo que es el objeto último de la mente y un objeto purificado. Los creyentes de esta filosofía no aceptan la existencia de un objeto externo que sea sustancialmente distinto de la mente. Para la mente, todo fenómeno que se produce es de la misma naturaleza. También hay una segunda escuela (Svatantrika Madhyamika) que acepta la teoría de la sólo-Mente. Pero entonces los filósofos de la Prasangika Madhyamika rechazan esta visión. Los seguidores prominentes de la Madhyamika refutan la exposición de la escuela sólo-Mente diciendo que si no aceptas la existencia de los fenómenos externos

131

tampoco puedes aceptar la existencia de la mente. La escuela Cittamatra dice que el objeto externo que está sustancialmente separado de la mente no existe, y si intentas analizar el objeto externo a través de sus partes no podrás encontrarlo. Por lo tanto, los fenómenos externos son no-existentes. En respuesta a ello, la escuela Madhyamika dice que si no puedes hallar un objeto externo cuando lo analizas a través de sus partes, ello no significa la no-existencia de este fenómeno; implica la existencia no-inherente del mismo. Si dices que los fenómenos externos son no-existentes, entonces tendrás que aceptar que la mente también lo es. Los que postulan la escuela Madhyamika aceptan la existencia de la mente, así como la de los fenómenos externos.

Según la escuela Madhyamika, hay dos formas de explicar las Dos Verdades: una basada en la existencia conceptual de la mente y la otra en la existencia no-conceptual de la misma. Pero si tuviéramos que ofrecer una explicación que fuera aceptable para ambas mentes, las conceptuales y las no-conceptuales, sería algo semejante a esto: la verdad convencional es el fenómeno que se encuentra en una mente convencional, mientras que la verdad última es ese fenómeno que se encuentra en una mente última que analiza la naturaleza del fenómeno último. Ésta es la explicación dada por Chandrakirti en su *Madhyamika-Avatara*.

Según el *Bodhicharya-Avatara*, la explicación se basa en la mente no conceptual. En este caso, la verdad convencional es cualquier fenómeno en el que percibas un aspecto ligeramente dualista, mientras que la verdad última es la que realiza la mente última y no es dualista.

Generalmente, cuando hablamos de aspectos dualistas, queremos decir muchas cosas. Por ejemplo, el aspecto dualista a veces hace referencia a la percepción del fenómeno convencional, a veces a la verdadera naturaleza existente de un fenómeno, y otras a una aparición de la imagen genérica de un fenómeno.

¿Cuál es el significado etimológico de las Dos Verdades? El término "verdad convencional" se utiliza porque es cierto para una mente que oculta (en el sentido de que es una mente que oculta por su forma de existencia). Esto parece ser cierto para una mente en particular y esa mente lo ve como ignorancia (e ignorancia significa mente que oculta). Esta mente carece de conocimiento de ese objeto en particular y lo ve como cierto. Ésa es la razón por la que se denomina "mente convencional" y no "verdad última".

Si seguimos la verdad convencional según la tradición sánscrita, entonces la palabra "convencional" puede tener distintos significados. La palabra a veces significa *samvritisatya*, que puede tener varios significados. Unas veces se refiere a aquello que vela la cualidad o al objeto convencional. También puede significar aquello que depende de alguna otra base. Por lo tanto, "convencional" aquí se refiere a una mente que oculta, lo que significa ignorancia de la verdadera aprehensión.

La verdad convencional tiene diferentes clasificaciones. Significa que la forma real de existencia de un fenómeno en particular y la forma en que éste se manifiesta no coinciden. Por lo tanto, no puede ser cierto, pero basándose en la visión de las personas normales y corrientes se puede clasificar en dos categorías: la verdad convencional real y la verdad convencional irreal. Por ejemplo, una persona en un sueño es una verdad convencional irreal, mientras que la persona real es una verdad convencional real. Así es cómo desde el punto de vista mundano se distinguen las dos clases y no por su forma real de existencia.

Respecto a la verdad última, los diferentes maestros de la escuela Madhyamika la interpretan de modo distinto. Para algunos, el término "verdad última" o la palabra "última" significa la verdadera naturaleza del fenómeno. La verdadera naturaleza del fenómeno es suprema y algo que debemos conocer. Uno ha de intentar realizar esta realidad suprema. Ésta es la razón por la que se considera "última". La palabra "última" también se puede interpretar de dos maneras. A veces se puede referir al objeto de la negación, algo que se ha de refutar. Otras veces puede significar la sabiduría que hemos de generar. Si usamos esta palabra con referencia al objeto de designación, no existe fenómeno en último término. Pero si nos referimos a un objeto que podemos llegar a realizar mediante una conciencia de sabiduría, es un fenómeno existente. Si el objeto de refutación es una cosa en particular que existe, entonces deberíamos ser capaces de hallarla mediante la conciencia de sabiduría. Y si es algo que se puede realizar y comprender por la conciencia de sabiduría, no es necesario que exista por sí mismo. Por ejemplo, la vacuidad o talidad de esa verdad última es percibida por la conciencia de sabiduría.

Si tomamos un fenómeno y analizamos su naturaleza, al final no podemos encontrarlo. Por ejemplo, si en primer lugar analizamos la flor para descubrir su naturaleza última y su realidad, descubriremos la vacuidad o la naturaleza inherente de la vacuidad, que en realidad no se puede hallar. No obstante, descubriremos la vacuidad de la vacuidad.

En los *Sutras*, la verdad última ha sido clasificada en veinte o a veces en dieciséis tipos, pero se puede dividir con precisión en dos subclasificaciones: vacuidad de la persona y vacuidad de los fenómenos o ausencia de identidad de la personas y ausencia de identidad del objeto.

De modo que, tal como he explicado antes, la palabra "última" interpretada desde una visión tántrica unas veces se refiere a la mente o conciencia subjetiva y otras también se puede referir al objeto. En general, tiene tres significados: el objeto, la conciencia de sabiduría y su efecto. Cuando seguimos la tradición tántrica, tiene un significado distinto. Los distintos textos, especialmente los tántricos, utilizan la palabra "última" de varias formas, cada una con su propia connotación. De ahí que sea muy importante comprender su sentido según sus diferentes contextos. De lo contrario, podemos confundirnos y perdernos. Cuando utilizamos los términos "convencional" y "verdad última", en general abarcan los contextos tántricos y sútricos y todo el cuerpo de conocimiento. Pero cuando nos referimos a la tradición tántrica, no necesariamente incluyen todo el cuerpo de conocimiento. A veces sólo se refiere al camino.

¿Quién encuentra la vacuidad?

Creo que debe haber alguien que la encuentre. Si practicas con mucha sinceridad en tu vida cotidiana seguro que la encontrarás, y muy especialmente cuando te encuentras con un objeto que te despierta una emoción fuerte como el apego o el odio, o cuando estás ante un ego muy fuerte. En ese momento, si llevas a cabo una cuidadosa indagación, si analizas y examinas el modo de aprehensión de la mente, la forma en que las cosas aparecen en ella, descubrirás que el objeto parece ser fuerte y enérgico. Parece ser muy sólido e independiente. Por ejemplo, cuando surgen sentimientos de odio, el objeto parece cien por cien negativo. Pero eso también es una exageración. Nada es cien por cien negativo. No obstante, durante ese momento, debido a nuestra actitud mental, así nos lo parece. Ese momento es la mejor oportunidad y la ocasión adecuada para analizar la verdadera naturaleza y sus aspectos. Entonces ves la vacuidad con sus razones lógicas, pruebas y descubres que las cosas son relativas. Por ejemplo, al analizar las causas de un fenómeno en concreto y al utilizar razones como "esquirla de diamante" y otras, y luego analizando la entidad de ese fenómeno en particular y si existe individualmente o en muchas partes. También, al analizar el efecto de un fenómeno, ya sea existente o no-existente, y por último, el razonamiento lógico de la naturaleza dependiente o del surgimiento dependiente. Si analizas con detenimiento, aunque sea difícil hacerlo por completo, puedes captar algo. Eso es cierto.

Realizar la vacuidad es de vital importancia, porque cuando intentamos analizar la verdadera naturaleza de cualquier fenómeno, descubrimos que ésta es vacuidad o falta de existencia inherente. Es posible pensar que la vacuidad existe realmente. Es importante realizar la vacuidad de la vacuidad, porque ésta por sí misma no tiene existencia independiente. También depende de algo. Por ejemplo, si contemplamos informalmente cualquier fenómeno y su verdadera naturaleza, ese objeto en particular parecerá más poderoso que la vacuidad de ese fenómeno en concreto, puesto que no podemos explicar algo como la vacuidad sin depender de un fenómeno en particular. Es decir: la vacuidad es una cualidad o aspecto en particular de un fenómeno. Cualquier cualidad ha de tener una base. Por ende, *shunya* también se convierte en una parte de algo, en la cualidad de algo.

La conciencia también se encuentra en la naturaleza de la vacuidad. Existe una razón muy sencilla. La vacuidad significa la ausencia de existencia independiente o de existencia propia. La palabra sánscrita *pratityasamutapada* significa surgimiento dependiente. "Dependiente" porque depende de otros y su naturaleza no es absoluta. "Surgimiento" significa algo que ha sucedido debido a otros factores. De algún modo se parece al cero. Sin el cero, sería imposible contar. Puesto que las cosas están relacionadas, aquí "vacío" significa "como algo vacío". Por consiguiente, si su naturaleza básica es algo, todo es posible. Esa base conduce a la ausencia de naturaleza absoluta.

En general, cuando hablamos de algo que no es cierto en el sentido mundano, no es porque no lo sea en la conciencia de sabiduría, sino porque lo es en el plano mundano. Por lo tanto, tenemos el sentido de falso y de irrealidad de la verdad condicional. Si alguien se interesa, está claro que existe una relación. Por ejemplo, en la vida cotidiana, nuestra experiencia de dolor y de placer depende en gran medida de nuestra actitud mental. Sin embargo, una vez realizas los planos convencionales y últimos de la verdad, es muy útil reducir la exageración mental. La realización de las Dos Verdades también es muy útil para conseguir estabilidad mental.

Sencillamente aceptamos lo bueno y lo malo porque realizamos su naturaleza más profunda. Si nosotros podemos adquirir una comprensión profunda de la naturaleza real de las verdades última y convencional, veremos los fenómenos externos desde una perspectiva equilibrada. Sin embargo, antes de comprender la verdadera naturaleza de las Dos Verdades tendemos a exagerar los fenómenos. Nuestra mente es una entidad sólida; al menos así nos lo parece. Pero en realidad, hay muchos tipos de mente. La humana es especialmente sofisticada. Así que para conseguir paz mental la verdadera técnica budista reduce la intranquilidad mental y aumenta la felicidad y la paz mentales. Hay muchas formas distintas de alcanzar la paz y de aplacar la ansiedad. El conocimiento sobre las Dos Verdades es una de ellas. En general, la práctica espiritual es como un estabilizador. La paz es algo similar.

¿Podría hablar sobre el bien y el mal?

El bien y el mal según el budismo son términos relativos y dependen de otros factores. Bajo ciertas circunstancias, algo puede ser bueno, pero bajo otras puede tornarse malo. No son términos absolutos. Hemos de juzgar de acuerdo con las circunstancias concretas. En general, podemos decir que cualquier acción o factor que nos aporte felicidad o satisfacción es bueno; cualquier cosa que nos produzca infelicidad o dolor es malo. De modo que la decisión última sobre el bien y el mal se basa en la experiencia y en el sentimiento. Nuestra mente tiene la última palabra.

Creo que la tranquilidad mental es la que nos permite relajarnos y ser felices. Esto es cierto para todos. Otra práctica es el altruismo. Puesto que las cosas son interdependientes, nuestra propia satisfacción o felicidad, depende en gran medida de los demás. Si otros seres, incluidos los animales, están satisfechos y dan muestras de felicidad o algún tipo de respuesta positiva, nosotros estaremos satisfechos. Por lo tanto, la práctica del altruismo es el factor clave.

La primera parte de mi charla ha tratado sobre las Dos Verdades y las Cuatro Nobles Verdades. Ahora hablaré sobre cómo ponerlas en práctica y utilizarlas en nuestra vida o práctica cotidiana.

Hay dos formas de ver las Cuatro Nobles Verdades. Una es pensar más en las Dos Verdades; ello nos permitirá comprender mejor las primeras. En el segundo caso, pensar en las Cuatro Nobles Verdades; luego en la cuestión del cese o *nirodha* se puede dar la explicación de las Dos Verdades. La Primera Noble Verdad es darse cuenta de la naturaleza de la insatisfacción. Si tu vida es buena y gozas de una felicidad permanente, no necesitas pensar en otras cosas complicadas. Pero nuestra vida no es tan sencilla o su naturaleza no es así.

Para conocer la naturaleza del sufrimiento de la vida hemos de comprender los tres tipos de insatisfacción. El primero es la insatisfacción de la insatisfacción. Se manifiesta con dolores de cabeza y otro tipo de molestias y puede afectar incluso a los animales. Hay una forma de escapar o de superar este tipo de sufrimiento temporal. El segundo es el sufrimiento del cambio. Éstas son las experiencias que generalmente consideramos agradables. Por ejemplo, cuando conseguimos algo nuevo, los primeros días estamos entusiasmados y nos sentimos muy felices. Sin embargo, al cabo de un tiempo, el mismo artículo crea una especie de insatisfacción o frustración.

Al principio podemos sentirnos muy próximos a algo muy hermoso, pero después esa misma cosa nos parece fea y no tan buena. Además, puede que incluso queramos deshacernos de ella. Es muy natural que las personas que viven en una pequeña aldea o en un lugar remoto deseen ir en busca de una vida más atractiva en otro lugar, en una ciudad o en un país más grande. Y a veces las personas que están en las grandes ciudades prefieren ir a lugares rurales o más tranquilos. Los deseos siempre cambian. Ésta es la segunda categoría de sufrimiento: el sufrimiento del cambio.

Existen distintas interpretaciones del tercer tipo de insatisfacción o insatisfacción condicionada. Una de ellas es que nuestro cuerpo está bajo la influencia de la ignorancia. Hay diferentes tipos de ignorancia. Una es la mera ignorancia, es decir, que simplemente no sabes algo. Otro tipo de ignorancia es la que te hace ver el fenómeno de un modo distorsionado o equívoco. Esta clase de ignorancia es la verdadera simiente de los problemas o la simiente del sufrimiento. Cuando la ignorancia es la que crea los problemas, ésta se ha de eliminar. Vale la pena intentarlo. Si el sufrimiento es algo que se puede eliminar, entonces será útil verlo como lo que realmente es, en lugar de temerlo, sentir desagrado o sentirnos frustrados.

Ahora la cuestión vital es si existe un cese o no. Aquí ha de entrar en juego la conciencia. Hay dos fenómenos separados: la materia y la conciencia. Una flor o nuestro cuerpo en términos de partículas o moléculas son similares en sustancia y siguen el mismo sistema. Sin embargo, la diferencia reside en que las flores no tienen conciencia como los seres humanos. Además de estas partículas físicas hay algo que nosotros denominamos conciencia. Cuando cuerpos o partículas se combinan con conciencia, obtenemos seres vivos. Entonces se desarrolla un sentido del "yo".

Cuando de distintos planos de conciencia se trata, al estar despiertos, nos encontramos en un plano de conciencia. Cuando dormimos, estamos en otro un poco más profundo. Cuando estamos en un estado de sueño profundo sin sueños, nos encontramos en un plano de conciencia o mental aún más recóndito. Cuando nos desmayamos o se nos detiene la respiración, durante ese período la conciencia es más sutil. En general, las personas se refieren a este estado como estar "inconscientes", pero de hecho la conciencia o la mente está en un plano mucho más profundo. Sin embargo, la conciencia o estado mental más profundo sólo se produce en el momento de la muerte.

La mente tosca depende mucho de los órganos físicos como el cerebro o el sistema nervioso. Cuanto más profundo es el plano de la conciencia, más independiente es del cuerpo. Por lo tanto, cuando las funciones físicas se detienen por completo la mente más sutil se activa. En el momento de la muerte existe un proceso normal de separación de la conciencia sutil y del cuerpo. El practicante con cierta maestría en el yoga o en la meditación puede disociarlos o separarlos voluntariamente. Con la meditación también puedes controlar la circulación sanguínea, la respiración y otras funciones físicas. Al final, si intensificas tu adiestramiento, es posible efectuar esta separación. Mediante la práctica de la transferencia de la conciencia podemos hacer esta separación. Sin embargo, es muy peligroso para el principiante, pues éste puede llegar a separar el cuerpo y la mente, pero no ser capaz de volver a unirlos. Es mucho más fácil separar que volver a unir.

Los debates con los neurocientíficos y neurobiólogos revelan conocimientos sobre el cerebro y sus funciones. Quizás en ese contexto haya lugar para más debate. Por experiencia podemos decir que hay un aspecto de la mente, especialmente la energía, que controla el sistema nervioso. Tal como he dicho antes, la salud física está muy conectada con la salud mental. Existen experimentos de curar enfermedades a través de la meditación. Cuando hablamos de la ignorancia, nos referimos a alguna falta o defecto de la conciencia o a la cualidad defectiva de la misma. A fin de reducir estas cualidades negativas y tratar con este tipo de mente, suceden los cambios en la naturaleza de la duda. Este tipo de transformación influye en la cognición y por último podemos obtener la percepción directa no conceptual.

De ahí que si uno quiere eliminar este tipo de mente defectiva es importante comprender la naturaleza y la transformación de la mente. En primer lugar, intentamos examinar el estado mental. A veces uno experimenta un tipo de conciencia diferente y pensamientos salvajes. Esto se debe a la presencia de demasiados pensamientos conceptuales que ocultan los fenómenos. La verdadera naturaleza de la mente queda obstruida, como cuando pintas un vidrio transparente, es muy difícil poder verlo como es en realidad. En general, si intentamos aclarar el plano más burdo de la conciencia y de los pensamientos salvajes, vislumbramos la verdadera naturaleza de la mente. En esa etapa sentimos la naturaleza vacía de la mente. Ésta es una técnica por la que podemos realizarla. Cuando hablo de naturaleza en este contexto no me refiero a la naturaleza última, sino a la naturaleza convencional de la mente. Por la mañana temprano, cuando ya estamos despiertos pero la mente todavía no está del todo activa, a veces experimentamos pensamientos claros y neutros. La naturaleza de la mente es como algo blanco que puede absorber otros colores. Es como algo neutro, no necesariamente bueno, sino algo puro. Luego hay otros pensamientos que acompañan a esta mente pura. Por ejemplo, nadie puede estar siempre enfadado. Mientras exista la conciencia, incluso aunque una persona tenga muy mal carácter, habrá momentos en que no estará en esa tesitura. En el caso del apego, no importa lo fuerte que éste sea, la naturaleza básica de la mente nos demuestra que podemos erradicarlo. Según los factores externos e internos, el apego aumenta o disminuye. Así que hay una posibilidad de disminuir el apego.

Ahora bien, la cuestión es si es posible reducir esta clase de pensamientos. Para ello, hemos de conocer su modo de existencia, y la forma en que se nos presentan. En general, hacemos una diferenciación categórica entre un objeto en particular y sus partes. Cuando hablamos de un objeto, de su cualidad y conceptualidad, tenemos presentes diferentes cualidades, aunque cuando hablamos de un objeto y de su efecto, son dos fenómenos distintos. Si éste es el modo real de existencia, entonces deberíamos poder hallarlo cuando lo realizamos, pero no podemos. Por lo tanto, si eliminamos las partes, nunca podremos hallar el verdadero objeto que las crea.

Esto, sin embargo, encaja con el modo de existencia convencional, pero no es posible para el modo último. En general, si intentamos hallar la base de designación de todo fenómeno, no podemos encontrarla. En el plano material, podemos buscar hasta cierto punto, pero luego, si dividimos el fenómeno en partes e intentamos hallarlo, no lo encontramos. Por ejemplo, veamos el caso del "yo". Normalmente, pensamos que "yo" es un propietario o algo que pertenece a un dueño. De modo que se supone que posee una identidad separada del cuerpo y de la mente. En general cuando hablamos del "yo" tenemos una fuerte sensación de que ese "yo" es el que posee a la mente y al cuerpo. Un ejemplo: hay una persona que tiene un cuerpo o mente defectuosos. Si viene alguien y le dice: «Te daré un cuerpo mejor y tendrás paz mental», entonces esa persona generará inmediatamente una conciencia dispuesta a aceptar eso. Esto indica claramente que tenemos el concepto erróneo de que el "yo" está separado del agregado de la conciencia y de la mente. Sin embargo, si examinamos nuestro cuerpo y mente, no queda nada. Por supuesto, hay un "yo". Si no hubiera "yo", tampoco habría "otro". Si no hubiera "otro", no tendría sentido practicar el altruismo. Así que, sin duda existe un "yo" y un "otro". No obstante, la explicación habitual es que existe un "yo", pero éste simplemente es descrito en combinación con la mente y con el cuerpo. Todo fenómeno es pues descrito en combinación con sus partes que, si las investigamos, vemos que no existen. Pero si negamos estas cosas, porque no podemos encontrarlas y decimos que una persona no existe, estamos negando nuestra experiencia cotidiana. Ésta nos muestra claramente que la persona es existente y no-existente. Si negamos su existencia, nos pasamos al extremo de la aniquilación. Aunque la persona exista realmente, dicha existencia es sólo convencional. No existe de forma independiente. Esto aniquila claramente el extremo de la permanencia.

Cuando hablamos de la designación de una persona y de su dependencia en otra cosa, ello elimina los dos extremos: el de la no-existencia total y el de la permanencia extrema. Por eso, lo denominamos Madhyamika o camino intermedio. Cuando hablamos de la realización del camino intermedio o de la visión intermedia, significa que las cosas no son totalmente no-existentes y que no tienen una existencia independiente. Los fenómenos se nos presentan con existencia propia, sin que dependan de nada, pero esto no es así. Su existencia depende de otros fenómenos. Tan sólo son designados por la mente. Realizar dicha comprensión es realizar la visión de la Madhyamika.

En este punto vale la pena examinar cómo se genera la ira y el apego según lo que hemos visto. Es evidente que cuando generamos ira y apego el objeto particular de la ira y del apego parece algo que tiene existencia propia; algo sólido. Cuando esto sucede, el objeto parece independiente y se nos presenta como algo cien por cien negativo o positivo. Pero con el paso del tiempo, cuando la ira y el apego se reducen y desaparecen, nuestro sentimiento hacia esa misma persona habrá cambiado. Por ejemplo, cuando una pareja se casa, ambos se encuentran cien por cien atractivos y maravillosos. Esto se debe principalmente a su proyección a causa de su apego. Cuando hay algún problema, esa emoción tan fuerte disminuye. Pero cuando desaparece el problema o la ira, empieza a aparecer el modo real de esa persona.

Está muy claro que cuando generamos una mente negativa la causa es el modo erróneo de interpretar los fenómenos. La verdadera interpretación de los fenómenos y de la conciencia que percibe la verdadera existencia de los mismos son contradictorias en sus modos de aprehensión. Estas dos conciencias están dirigidas hacia los mismos objetos, pero sus modos de aprehensión son distintos. Estos dos modos de conciencia se oponen entre ellos. La única diferencia entre estas dos conciencias es que la que percibe la falta de verdadera existencia tiene un apoyo y fundamento válido, mientras que la otra no.

Está la posibilidad de eliminar todos los pensamientos negativos. A medida que transcurre el tiempo y más profunda es la meditación combinada con la meditación analítica, los pensamientos y emociones negativos se pueden llegar a eliminar. Este estado mental de haber eliminado las emociones negativas, es lo que normalmente denominamos *nirvana*, *moksha* o cese. El cese no significa el cese de nuestra conciencia o de uno mismo, implica el cese de nuestras emociones negativas. En las escuelas de pensamiento budista, hay diferentes interpretaciones de *moksha*. Por ejemplo, la escuela Vaibhashika cree que cuando alcanzas el verdadero cese *(nirodha)* o *moksha*, ya no hay más conciencia, no hay más agregados psicofísicos *(skhandha)*, ni más existencia. Sin embargo, tal como dice Nagarjuna: «Si eso se produce, entonces no hay existencia para conseguirlo». Por consiguiente, no podemos decir que hay un ser que alcanzará el *nirvana*, porque cuando éste sucede, ya no hay más existencia; y si la hay, no puede haber *nirvana*. La naturaleza de la conciencia es pura, de modo que no hay razón para que cese o acabar con ella. En las filosofías Madhyamika y Cittamatra, el *nirvana* existe, pero también el individuo con identidad propia. Incluso en el caso de la budeidad existe el *buddha* con identidad individual. Para mí *moksha* es el cese completo de la mente, el cese del "yo". Yo prefiero el *samsara* al *nirvana*, porque en el primero hay vida y experiencia. Creo que eso es mejor que la nada.

La gente piensa que el cese o *nirvana* es igual a la nada, y que todos los sentimientos, conciencia y cosas se disuelven en la vacuidad. No queda nada. Eso es incorrecto. De hecho, el *nirvana* es el estado totalmente purificado de la propia mente. Es su naturaleza última, en la que se han eliminado todas las emociones aflictivas.

Nosotros tenemos la responsabilidad de sentir: «Sí, hay algo que alcanzar y hay una forma de conseguirlo». Por lo tanto, hemos de intentar indagar en la naturaleza de la insatisfacción, y si nos frustramos, hemos de desarrollar el sentimiento de renunciación para alcanzar el *nirvana,* que es liberación permanente. Si sólo pensamos en las dos primeras de las Cuatro Nobles Verdades, sin pensar adecuadamente en las otras dos, éstas no nos funcionarán ni cumplirán su propósito. A veces las personas pueden ser intolerantes con la pasividad, inactividad y pesimismo del practicante si éste piensa sólo en las dos primeras Verdades. Ésta es la razón por la que debemos buscar el equilibrio e intentar comprender también las dos Verdades negativas y las dos positivas. Entonces, tendremos un propósito claro y una mejor comprensión y realización de su naturaleza. Automáticamente sentirás frustración hacia los pensamientos negativos y eso es muy importante. En realidad, nuestro verdadero enemigo, el verdadero causante de problemas o el destructor de la felicidad está dentro de nosotros mismos. Por ejemplo, la ira, el odio, el apego y la codicia extrema destruyen la paz interior, mientras que el enemigo externo, por muy poderoso que sea, no necesariamente lo consigue. Si alguien está calmado y en paz, incluso aunque esté rodeado de hostilidad no le afecta, porque esa persona sentirá muy poco trastorno. Por otra parte, si mentalmente eres desgraciado o estás intranquilo, aunque estés rodeado de tus mejores amigos o de las mayores comodidades, no conseguirás paz ni felicidad. De modo que la paz interior y su fuente son el resultado de una mente tranquila y estable. La causa inevitable y última de la calma y de la felicidad mental no puede ser ningún factor externo.

La fuente última de la paz mental sólo puede ser destruida por la propia ira y los pensamientos negativos. Una persona sabia no permitirá que la ira o el odio se manifiesten, porque nadie quiere infelicidad o sufrimiento. Si pretendes lograr felicidad, has de cuidar la fuente última de la misma. Has de practicar el amor, la bondad e intentar someter tu ira. Éstos no son asuntos religiosos, sino temas que atañen a nuestra vida diaria.

En el plano ordinario, cuando surgen los pensamientos negativos de ira y de apego, pueden ser eficaces y de ayuda. Por ejemplo, cuando tenemos un problema, perdemos o fracasamos, la ira viene como nuestra protectora. La ira nos dice que no temamos y se expresa a través de nosotros. Una persona enfurecida está casi loca y emplea palabras rudas o utiliza la violencia física. De algún modo, la ira nos proporciona atrevimiento o fuerza. Asimismo, cuando surge el apego, se nos presenta como nuestro mejor y más íntimo amigo. Es muy difícil darnos cuenta de estos pensamientos negativos y de sus cualidades negativas y falsas, a menos que los analicemos con sinceridad y seriedad.

Cuando la ira domina nuestra mente, a veces empleamos palabras desagradables y crueles. Pero cuando remite, nos sentimos avergonzados, nos cuesta disculparnos y entonces evitamos tropezarnos con la persona con que hemos tenido unas diferencias. Esto demuestra que, en realidad, no queremos utilizar esas palabras, pero la ira hizo que perdiéramos el control. Por lo tanto, la ira es una enemiga y no es útil ni de confianza. En algunos casos, necesitamos una medida enérgica para contrarrestarla. Cuando sucede algo, analiza la situación e investígala a fondo. Si se necesita una medida enérgica para contrarrestarla, adóptala sin enfadarte, pues cualquier acción motivada por la ira será ineficaz. En muchos casos, las decisiones tomadas bajo la influencia de la ira suelen ser inadecuadas. El odio y la ira nos hacen perder el apetito y el sueño y sufrimos mentalmente. El enemigo se siente

145

feliz al vernos deprimidos. Por otra parte, si estamos tranquilos y de buen humor, el enemigo no puede sentir satisfacción. Además, la ira realmente destruye nuestro sentido de discriminación que nos permite discernir las consecuencias a largo y a corto plazo. Tener un enemigo es útil porque nos ofrece la oportunidad de practicar la paciencia y la tolerancia. Esta práctica es muy necesaria para el desarrollo de la compasión y el amor genuinos.

No podemos aprender la verdadera paciencia y la tolerancia de un *guru* o de un amigo. Éstas sólo se pueden practicar cuando contactamos con alguien que crea experiencias desagradables. Según Shantideva, los enemigos son verdaderamente buenos porque podemos aprender mucho de ellos y adquirir fortaleza. La práctica del amor y de la compasión no es una práctica religiosa o sagrada, sino una cuestión de supervivencia. En términos de humanidad, creo que la economía se está enfrentando a una crisis global, y por supuesto tenemos la cuestión de la paz mundial. En todos los campos el factor importante es la compasión y tener un buen corazón. Aquí hemos de diferenciar entre el amor y la compasión. En general, la gente es impaciente en el amor, puesto que el amor está mezclado con el apego o contaminado por el mismo. El indicativo de esa contaminación es que nuestro amor depende de algún modo de cómo nos responda la otra persona. Por ejemplo, si nos sucede algo desagradable con alguien muy allegado a nosotros, nuestra actitud cambia inmediatamente y el amor desaparece. Sin embargo, hay otro tipo de amor genuino en el que nos damos cuenta de que la otra persona es como nosotros, que quiere ser feliz y no desea sufrir, y que tiene todo el derecho a superar ese sufrimiento y alcanzar la felicidad. Sobre esa base, se desarrolla un amor y una bondad genuinas y eso perdura en la relación.

Cuando hablamos de la importancia del amor y de la bondad, nos referimos al amor genuino y no al amor y a la bondad que están bajo la influencia de la ignorancia. A veces las personas dicen que cuando surge la ira es mejor expresarla que intentar ocultarla o reprimirla. Como es lógico hay diferentes grados de ira. Lo más importante es darnos cuenta de la negatividad de la ira y del odio. Una vez te hayas convencido de ello, intentarás distanciarte de esos sentimientos de forma natural. Sin embargo, si surge una ira muy intensa y es difícil reprimirla, intenta olvidarte del objeto que la ha provocado. Tomemos como ejemplo mi propia práctica y experiencia. Yo soy de Amdo, en el nordeste del Tibet. Las personas de estas regiones tienen fama de tener mal carácter. Cuando era joven, yo también era así. A medida que fue pasando el tiempo, he ido practicando técnicas para doblegar mi mente. Mi ira disminuyó mucho. En algunas ocasiones, surgen la ira o la irritabilidad, pero desaparecen muy deprisa. Y apenas tengo sentimientos de odio.

Por consiguiente, mediante la práctica conseguimos el desarrollo interior. Existe una posibilidad de cambio. Para cambiar, en primer lugar hemos de cambiar nosotros. Si no cambiamos, no cambia nada, y esperar que lo hagan los demás es muy poco realista. La mente humana siempre está cambiando y si realizas un esfuerzo en la dirección correcta, al final, suceden los cambios mentales y puedes conseguir mucha paz y felicidad sin sufrimiento ni esfuerzo. La paz y la felicidad ha de crecer en nuestro interior. Tal como dijo el Buddha: «Tú eres tu propio maestro. Nuestro futuro depende enteramente de nosotros mismos. Nadie más puede responsabilizarse de nuestra vida futura y la actual reposa sobre nuestros hombros».

¿Es posible liberarse por completo de la presencia del ego negativo o es sólo un mito?

Puesto que los defectos y las faltas no son cualidades inherentes de la mente, es posible eliminar esta falta.

Si eliminamos la mente y el cuerpo, surge una conciencia silenciosa. Esta conciencia es la misma en todos los seres vivos. Ésta es la esencia de la realización de la identidad individual. Por favor, podría hacer algún comentario.

En general, la continuidad de la mente permanece, por lo tanto no es posible eliminar la mente y el cuerpo y luego lograr la identidad individual. Tal como he dicho antes, según las enseñanzas del Mahayana, incluso en el estado de Iluminación, la sabiduría se manifiesta en el yo individual.

Por favor, explique la vacuidad de los fenómenos últimos como la muerte y el karma.

Cuando hablamos de la vacuidad, independientemente de cualquier fenómeno, ésta significa la falta de existencia inherente de un fenómeno en particular. La acción *(karma)* y la muerte también son fenómenos, pero no verdades últimas. Su naturaleza esencial es *shunyata*. Es importante tener conocimientos sobre la muerte y el *karma*. *Karma* es acción con motivación e implica cierta acción mental o física.

Una acción está destinada a tener un resultado. En el budismo, *karma* también significa acción, pero ahí tienes las consecuencias a corto y largo plazo. Por ejemplo, podemos decir que existe cierta motivación negativa tras la acción de la ira. Esa motivación conlleva cierto grado de acción física y la acción mental negativa crea una atmósfera negativa y desagradable. Ésa es una consecuencia a corto plazo y durante ese momento la acción deja una huella en la conciencia. Esta impronta queda almacenada en el "yo" y perdura por la continuidad de la mente o del "yo", entonces uno empieza a experimentar los efectos cuando ésta se enfrenta a las circunstancias externas.

Cuando hablamos de la muerte, ésta se relaciona con la absorción de las mentes sutiles. Se puede hallar una explicación más sutil en las ocho etapas de la absorción. Éste es un tema especial digno de estudio.

La ira es la verdad. Ha de coexistir con la felicidad; entonces ¿por qué hemos de controlarla?

Si le preguntas a los médicos, ellos te dirán que podemos pasar sin ella. Obtendrás más placer y felicidad si intentas reducirla. La pregunta es *si* la ira se puede reducir realmente.

No entiendo cómo el apego provoca insatisfacción, porque yo obtengo fuerza de mi apego, especialmente cuando estoy intranquilo.

El apego como causa de la insatisfacción está relacionado con la tercera categoría de la misma: insatisfacción compuesta omnipresente o insatisfacción condicionada. La ira está directamente conectada con ésta, puesto que ella nos trae la primera categoría de insatisfacción y el apego la segunda y la tercera. Este cuerpo nuestro existe debido al apego. Como ves, a través del apego y de la ira se introducen los distintos tipos de sufrimiento; de modo que el apego es en realidad la causa de la ira.

Por favor, explíquenos una técnica sencilla para aplacar la ira.

Un examen más analítico de las verdaderas desventajas de la ira puede ser de gran ayuda. La ira destruye nuestra paz mental y crea más problemas. Si observas la historia del mundo, puedes ver que toda la destrucción, la miseria humana y el sufrimiento, principalmente han sido provocados por el odio y la ira. Las historias de gloria sobre los buenos giran en torno al altruismo. De este modo te darás cuenta de que la ira realmente no sirve para nada. Si alguien acepta la teoría del renacimiento y del *karma* (causa y efecto), también se pueden usar otros métodos para reducir la ira. Los problemas familiares suelen estar generados por la ira. También puedes aprender de las experiencias de los demás.

Cuando el entorno está contaminado, ¿es posible generar un estado mental puro?

No cabe duda de que existe una relación entre el entorno externo y la mente. Debido a la contaminación, el cerebro no funciona bien; le envuelve una especie de pesadez. Pero no es imposible tener una mente pura incluso en medio de un entorno contaminado.

¿Qué es la vacuidad?

La vacuidad es la vacuidad, la respuesta no es sencilla. Se ha de entrar en detalles y tratar el tema con mayor profundidad. Puede llevar meses o incluso años comprenderla.

CONSTITUTION CLUB LAWNS, 1988

ÍNDICE

151

Índice